中华文化与汉语教学研究文库

◎ 教育部人文社会科学研究项目基金资助

基于HSK语料库的
特殊句式
化石化现象研究

崔淑燕　许晓华　魏鹏程 ◎ 著

首都经济贸易大学出版社

Capital University of Economics and Business Press

·北 京·

图书在版编目(CIP)数据

基于 HSK 语料库的特殊句式化石化现象研究/崔淑燕,许晓华,魏鹏程著. -- 北京:首都经济贸易大学出版社,2018.5

ISBN 978 - 7 - 5638 - 2750 - 3

Ⅰ. ①基…　Ⅱ. ①崔… ②许… ③魏…　Ⅲ. ①现代汉语—句法—对外汉语教学—教学研究　Ⅳ. ①H195.3

中国版本图书馆 CIP 数据核字(2018)第 075171 号

基于 HSK 语料库的特殊句式化石化现象研究

崔淑燕　许晓华　魏鹏程　著

JIYU HSK YULIAOKU DE TESHU JUSHI HUASHIHUA XIANXIANG YANJIU

责任编辑	王　猛
封面设计	砚祥志远 · 激光照排　TEL:010-65976003
出版发行	首都经济贸易大学出版社
地　　址	北京市朝阳区红庙 (邮编 100026)
电　　话	(010)65976483　65065761　65071505(传真)
网　　址	http://www.sjmcb.com
E - mail	publish@cueb.edu.cn
经　　销	全国新华书店
照　　排	北京砚祥志远激光照排技术有限公司
印　　刷	北京九州迅弛传媒文化有限公司
开　　本	710 毫米×1000 毫米　1/16
字　　数	251 千字
印　　张	14.25
版　　次	2018 年 5 月第 1 版　2018 年 5 月第 1 次印刷
书　　号	ISBN 978 - 7 - 5638 - 2750 - 3/H · 187
定　　价	42.00 元

前　言

　　本书是笔者主持的教育部人文社会科学基金课题"汉语中介语特殊句式习得的化石化现象探析:以汉文化圈的留学生为例"(项目批准号:13YJC740013)的研究成果。在第二语言习得中,对某些语言结构的习得到中高级阶段会出现发展的相对迟缓甚至停滞,这是一种常见的现象,也是需要结合汉语特点深入探讨的问题。本课题采用化石化的相关理论,就汉语第二语言学习者对汉语中八种特殊句式的习得进行全面细致的研究,并通过访谈的方式对出现化石化的原因进行探讨,在此基础上有针对性地提出了具有可操作性的教学建议。这是国内句式研究中首个集中探讨句式习得的化石化现象的项目,具有初创性。

　　本课题的研究思路是采用语料库语言学的研究方法,收集学习者对于汉语特殊句式正确使用和偏误使用的用例,然后对收集到的数据进行统计分析,以探求中介语特殊句式习得的总体特点及是否出现了化石化现象。与此同时,还对在华韩日留学生进行问卷调查及访谈,进一步探究学习者在汉语特殊句式使用中出现偏误或者化石化现象的原因。最后,在全面调查、统计和分析的基础上,为汉语作为第二语言的教学研究提出一些应对策略。通过本项研究,一方面可以了解留学生特殊句式的汉语习得情况,另一方面可以从偏误中发现学生习得特殊句式时存在的难点,从而为对外汉语教学与研究提供借鉴。

　　本课题的主要研究内容包括三个方面:其一,全面考察"HSK 动态作文语料库"中韩日学习者八种特殊句式的使用情况,了解其对于汉语中介语特殊句式习得的总体特点和化石化现象的具体体现;其二,通过调查问卷和访谈,了解具体情境下学生对特殊句式的习得情况,探讨中介语中特殊句式产生偏误或者出现化石化现象的成因;其三,参照上述考察结果,针对八种特殊句式的教学和教材编写,提出改进思路和有效的建议。

　　特殊句式化石化现象研究的价值与意义主要有三个方面:一是可以促进汉语特殊句式教学研究的深入开展;二是可以为对外汉语教材编写提供可资借鉴的研究依据,从前期考察来看,目前国内对外汉语教材中某些句式的呈现不够全面系统或者呈现时没有坚持循序渐进、由易及难的原则,本研究可为对外汉语教材语法的编写提供借鉴;三是可以直接服务于对外汉语特殊句式教学,本研究以大型中介语语料库为依托,在全面掌握八种特殊句式习得情况的基础上,为汉语特殊句式的教学提出了一些极具针对性的意见和建议。

本研究的创新之处主要有三个:一是在选材取样方面,为保证研究结果的可推广性,以话题为纲,随机抽样选取相关话题的文章;二是在研究方法上,对学习者的整体语言表现与偏误都进行了全面的分析,从而考察了特殊句式习得发展的全貌;三是在语料标注方面,根据研究需要对各句式进行人工选择和标注,同时在选择和标注时充分考虑上下文语境,从而保证了研究的信度。

全书共九章:第一章是绪论,首先阐述了本研究的两个重要相关理论,然后对国内外的相关研究进行了综述,最后描述了整个项目的研究设计;第二到第八章是"把"字句、"被"字句、"比"字句、兼语句、"是"字句、"是……的"句、"有"字句的分句式研究,各章节描述了韩日学习者各句式习得的整体表现、偏误表现和各下位句式的习得情况,并辅以问卷调查和访谈(大部分句式),找出出现化石化倾向的下位句式和学习者的典型错误,最后根据语料库分析结果和问卷调查结果及访谈结果,分析产生化石化或者偏误的主要原因并提出教学对策;第九章是对全部句式习得的总结,并以"把"字句为例,对句式教学进行了一次有益的探索。

本书是笔者和课题组成员许晓华、魏鹏程分工合作的成果,各章节的撰写分工是:第一章、第二章、第四章、第六章、第八章、第九章由笔者完成;第三章、第五章由许晓华完成;第七章由魏鹏程完成。作为课题负责人,笔者对参加到本课题的两位同事表示由衷的谢意,感谢大家的真诚合作。

本书的出版得益于多方面的帮助和支持:感谢北京师范大学冯丽萍教授在笔者研修期间给予的精心指导和无私帮助,让笔者熟悉和掌握了外语教学研究的方法论,最终确立了研究设计;感谢首都师范大学杨玉玲教授、上海交通大学李柏令教授、同济大学刘运同教授、青岛大学史冠新教授和鲁东大学胡晓清教授,他们在项目结项阶段的预评审和正式鉴定时提出了许多宝贵的意见,并给予热情而无私的帮助;还要感谢同事和朋友们给予的大力支持和帮助。

本书的出版还得益于首都经济贸易大学国际学院出版基金的大力支持,得益于首都经济贸易大学出版社的大力支持和帮助,在此一并感谢。

本书可供对外汉语教师阅读,用于了解韩日学习者特殊句式的习得特点、典型偏误,预测学习者句式学习的重点和难点,为课堂教学提供支持和帮助。

受学识所限,书中难免存在不当之处,敬请各位专家同仁和广大读者批评指正,以促使我们的研究不断进步。

崔淑燕

2017 年夏于北京

目　录

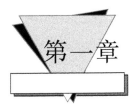

第一章

绪论

中介语是指语言学习者在第二语言或外语习得过程中建立起来的目的语知识系统的连续体。它介于母语和目的语之间，并随着语言输入的不断增加而逐渐向目的语靠拢。从理论上，中介语应随着学习量的增加而最终达到目的语这个终点。然而，研究表明，绝大多数语言学习者的外语水平提高到一定程度之后，就不再像学习的最初阶段那样继续稳步上升，而是处在一种仿佛停滞不前的徘徊状态，这种现象就是中介语化石化。

一、概念溯源

（一）中介语理论

　　中介语理论是以乔姆斯基（Chomsky）的语言理论和认知心理学理论为基础，产生于 20 世纪六七十年代的一种语言教学理论。中介语（Interlanguage）指二语学习者的一种独特的语言系统，是学习者在二语习得过程中构建的、既不同于母语又不同于目的语的一种语言知识系统，这一系统随着学习者学习的发展逐渐接近目的语的正确形式。1969 年，美国应用语言学家 Selinker 在其论文《Language Transfer》中首先提出中介语这一概念，把这种发展中的语言现象纳入语言的学习过程来观察，并于 1972 年发表了题为 "Interlanguage" 的论文，这一论文的发表标志着中介语理论的建立。

（二）化石化理论

　　化石化（fossilization）概念是 Selinker 于 1972 年在其论文《Interlanguage》中首先提出的。他把化石化定义为语言中的词条、规则和次系统倾向保留在与目的语相关的中介语中，无论学习者年龄的大小和接受教育的多少，这种倾向都不会改变。就这种定义来说，化石化被看作 "一种可能存在于心理结构的机制"，它的特征是发展的停止，并且具有持久性，其表现就是语言运用的倒退和中介语形式的反复出现。在之后的 30 多年中，随着对中介语化石化现象研究的不断深入，他对化石化的定义也进行了不断的修正和更新。Selinker（1992）重新定义了化石化现象，认为化石化是中介语学习的停止，往往是在其还远未达到目的语的模式时。也就是说，只要二语习得者不具备和本族语者相当的语言能力，达不到应有的目的语模式，那么化石化现象就会不可避免地出现在他所控制的所有语境中。这一定义强调了化石化现象的不可避免性。

　　围绕 Selinker 的化石化定义，语言学家们展开了激烈的争论，主要集中在以下几个方面：化石化发生在局部还是整体；是一种认知机制还是语言行为表现；是过程还是结果；只表现为错误形式，还是既包括正确形式又包括错误形式。在这些争论中，语言学家们已经对有些问题达成了共识，主要包括：化石化指发生在学习者某些中介语次系统的语言运用上；化石化的形成需要很长的时间；我们观察到的化石化行为是化石化形成后的结果；化石化更多地表现为错误形式。①

中介语化石化现象，从内容上看，通常可分为语言结构非目的语形式化石化（即语言错误）和语言使用非目的语形式化石化（即语用失误）；从形式上看，通常可分为个体石化和群体石化；从性质上看，通常可分为暂时性石化和永久性石化。

二、文献综述

（一）国外相关研究

国外对中介语化石化现象的研究较早且研究范围较为广泛，多集中在化石化概念、类型、成因、研究方法及具体的化石化现象的实证研究方面，且以英语作为第二语言的习得研究为主。

1. 化石化现象的实证研究方法

关于化石化现象的研究方法，Han（2003）将其大致归为五类：一是到达目的语国家的年龄和居住时间；二是纠正性反馈法；三是典型错误法；四是针对高水平学习者的研究；五是纵向研究法。目前为止，研究者们或是采用其中一种典型的研究方法，或是将几种研究方法相结合对化石化现象进行研究。当然，任何一种研究方法都有其局限性，例如：第一种方法不适用于外语学习环境中的化石化研究；第三种方法只适用于有共同母语背景的学习者，且只能反映一个群体的学习者中介语的一般性特征；第五种方法耗时长，样本量常常比较小，且常常会发生被试丢失的情况，操作的难度较大。各类方法中，典型错误法和针对高水平学习者的研究常常被结合起来使用，本研究也采用结合二者的研究方法。理由是：理论上高水平学习者已经习得或接近习得各语言要素，如果他们在语言使用中某些方面存在典型偏误，则表明这些方面出现了化石化倾向。

---

① 文秋芳．二语习得重点问题研究［M］．北京：外语教学与研究出版社，2012：87．

2. 化石化现象的实证研究案例

化石化概念自 1972 年提出后，很多研究者对化石化进行了实证研究 [参见 Schumann（1978）、Mukattash（1986）、Schouten（1996）、Han（1998）、Long（2003）等]，考察了不同母语背景的英语学习者在目的语环境中对某些语言结构的习得情况，研究方法既有纵向研究法，又有横向研究法和语料库对比研究；既有书面语的考察，又有口语话语的研究，结果都认为存在化石化现象。

Kellerman（1984）和 Yip（1995）等人对易于固化的中介语结构进行了列举和总结，发现有些易于化石化的结构只发生在某一母语背景的学习者身上，如母语为汉语的学习者在习得英语复合宾语句、关系从句时困难很大；而有一些结构（如非宾格动词）对于所有母语背景的学习者来说习得都很困难。①

3. 化石化产生的原因

关于化石化现象的成因，二语习得界的解释很多，有的基于实证研究而提出，有的只是假设和推断。按照 Selinker（1972）的归纳，化石化现象产生的原因可分为五个方面②：①母语迁移；②培训转移；③学习策略；④交际策略；⑤目的语笼统化。Han（2003）将导致化石化的因素分为内部和外部两种。内部因素包括认知因素、神经生物因素和社会情感因素，外部因素则主要指环境因素。陈惠媛（1999）也探讨过化石化现象的成因，但其内容并无大的突破。

文秋芳（2010）介绍了几种具有代表性的解释理论以及认知心理模型和假说。其中"生物解释论"的代表人物是 Lenneberg 和 Lamendella。他们认为人体神经系统的发展和大脑功能的侧化有很大关系，如果在关键期或敏感期之前没有发展相应的二语次系统，那么语言学习就很难有新的进步，所得的结果就是不完善的语言系统，即部分石化。"交互作用说"由 Vigil 和 Oller 于1976 年提出，认为如果在交流中得到的是肯定的情感反馈和肯定的认知反馈，就会鼓励学习者继续以同样的语言形式试用下去；如果学习者的语言中还有大量错误，这种形式的反馈就会造成错误形式的僵化。因此，防止语言僵化

---

① 文秋芳. 二语习得重点问题研究 [M]. 北京：外语教学与研究出版社，2012：100.
② 戴炜栋，牛强. 过渡语的石化现象及其教学启示 [J]. 外语及外语教学，2005（5）.

的最佳状况是肯定的情感反馈与否定的认知反馈。这一观点过分强调外部因素的作用而忽视了内部语言机制的作用。"文化适应模式"由 Schumann 在 1976 年提出，认为社会观念和心理观念的适应程度决定语言学习是否成功以及所能达到的水平，由于长期以不完善的中介语来处理语言，导致化石化的产生。

国内的相关研究中，张雪梅（2000）从认知心理学的角度分析化石化的成因，认为语言学习是程序化，习得是陈述化，化石化的产生可能源于陈述性知识的输入不够，从而影响程序化和陈述化的进程。文秋芳（2010）将以往的假说进行整理汇总，归纳出十种解释化石化成因的假说，包括大脑侧化假说、神经委任假说、参数设置假说、新陈代谢假说、衰老假说、越早越好假说、完全迁移假说等。①

（二）国内相关研究

1. 国内英语教学界的中介语化石化现象研究

受国外中介语化石化研究的影响，国内对化石化的研究也日益增多，但是主要集中在 20 世纪末到 21 世纪初。刘剑辉（2007）统计了 1997—2006 年间国内 24 种主要外语类期刊，对有关化石化研究的文章进行统计和分类，结果发现，这些文章以理论性探讨为主（陈惠媛，1999；张雪梅，2000；赵萱，2006，等等），还有一些综述性文章（李炯英，2003；白凤欣，2007，等等），实证研究比较少（柏桦、靳炎，2003；李巧兰，2004；吴筱梅，2007，等等）。

国内化石化研究虽然取得了一些进步，但是与国外研究相比，无论是在理论还是实践方面都存在很多问题。这些问题主要表现为：直接引用混乱不一的概念；研究对象范围狭窄；研究内容深度不够；研究方法和工具比较单一；多数为定性介绍国外理论或研究成果，以及结合英语教学实践对国外外语环境下化石化成因的主观分析，定量分析很少。②

2. 国内对外汉语教学界的中介语化石化现象研究

一般认为，1984 年鲁健骥发表的《中介语理论与外国人学习汉语的语音分析》一文是我国中介语理论研究的开端。我国语言学者在吸收引进国外先进的中介语理论和研究方法的基础上，立足汉语本身的特点，积累了大量以汉语作为中介语的语料，深入探讨了外国人在进行汉语习得时出现的偏误类型、偏误

① 文秋芳. 二语习得重点问题研究［M］. 北京：外语教学与研究出版社，2012：102－109.
② 文秋芳. 二语习得重点问题研究［M］. 北京：外语教学与研究出版社，2012：112.

产生的原因以及相应的教学策略，一方面用大量的事实和数据对中介语理论的假设进行了论证，另一方面也积累了实践经验，从而更有效地指导教学。

鲁健骥将国外中介语理论的思想、流派、观点及方法翻译成中文，引入我国。他以 Selinker 的思想为基础，首次引入了"中介语""偏误""化石化"三个概念，并介绍了中介语的性质、产生偏误的五个主要原因等。此外，他以 Selinker 的理论为基础，对外国留学生在汉语习得过程中出现的各类偏误进行分析，发表了一系列论文，例如《中介语理论与外国人学习汉语的语音分析》《外国人学习汉语的词汇偏误分析》《外国人学习汉语的语法偏误分析》等。吕必松在《论汉语中介语的研究》一文中提出了一些新的设想：发现汉语中介系统并进行描写；揭示汉语中介语的发展规律；提出对外汉语教学和学习中应优化的因素及方法等。孙德坤于 1990 年翻译了 Jack C. Richard 的《错误分析、中介语和第二语言习得》一文，并于 1993 年发表了《中介语理论和汉语习得研究》，对中介语理论和汉语习得之间的关系进行了研究。李大忠（1996）的《"使"字兼语句偏误分析》一文从教学一线收集了大量的留学生偏误实例，并进行分析，查找原因，探索相应的教学策略。

邹铃声（2006）对外国学生汉语语音习得中的熵现象及化石化现象进行了探讨，分析了外国学生语音习得中熵现象和化石化现象的表现、成因及消除熵现象和化石化现象的办法。何雅男（2009）以成语为着眼点，着重分析了二语习得者在习得成语的过程中出现的化石化现象，同时分析化石化的成因，并从教学实践角度对延缓甚至避免成语石化、提高教学质量，提出了一些建议。薛丽（2012）就中介语中的化石化现象从内外两方面做出分析并提出了相应对策。覃晓琪（2013）从文化的角度分析了化石化产生的原因，以文化适应理论为基础，探寻其对汉语教学产生的启示。李婧妍（2016）以韩国小学生汉语声调学习中存在的化石化现象为主要研究内容，选择部分学生为调查对象，对学生在课堂学习中所产生的声调"化石化"现象进行了纵向深入调查和分析，并从内因、外因两个层面探讨了该化石化现象存在的原因，最后对如何减少声调学习中的化石化现象提出了建议。值得注意的是，被调查者的学习水平只是初级水平。

从我国汉语教学实际看，目前汉语学习者中介语化石化现象多属于暂时性石化中的个体石化现象，或者说具有化石化的倾向，即 Selinker 所称的"稳定化"。"稳定化"是化石化的前兆，本研究关注的就是中介语中语言结构的暂时性石化中的个体石化现象。国内对于中介语化石化现象的研究起步晚，而且多停留在理论层面的介绍与探讨，对于中介语中具体的化石化现象，特别是对于语言结构化石化现象的研究极少。

中介语语言结构化石化现象的研究可以涉及语音、语法、词汇等方面，综观以往研究，以中介语语料库中的材料为依托，采取定量研究与定性分析相结合的方法，对汉语中某些重要句式进行研究是较为科学的研究方法。然而目前此类成果却并不多见。已有的研究中，虽然有从偏误分析角度对汉语某些句式进行偏误分析及习得顺序的考察的研究，但是能够从中介语化石化角度对汉语作为第二语言进行的习得研究少之又少。本研究将以 HSK（汉语水平考试）作文考试语料库为材料来源，研究汉语中介语中特殊句式化石化的具体体现、特点、产生原因。通过本项研究，一方面可以了解留学生特殊句式的汉语习得情况，另一方面可以从偏误中发现学生习得特殊句式时存在的难点，从而为对外汉语教学与研究提供借鉴。

三、本书的总体设计

（一）研究思路

本研究采取大规模语料库的方法，收集学习者汉语特殊句式的正确使用和偏误情况，然后对收集到的数据进行统计分析，以考察中介语特殊句式习得的总体特点以及是否出现化石化现象，同时对在华韩日留学生进行问卷调查及访谈，分析产生偏误或者化石化现象的原因。最后，在全面调查、统计和分析的基础上，为汉语作为第二语言的教学研究提出一些有关应对策略方面的意见和建议。

（二）研究内容

本研究的主要研究内容包括三个方面：一是考察留学生中介语特殊句式（"把"字句、"被"字句、"比"字句、兼语句、"是"字句、"是……的"句和"有"字句）习得的总体特点和化石化现象的具体体现；二是探求中介语中特殊句式产生偏误或者出现化石化现象的成因；三是针对中介语中特殊句式偏误或者化石化现象提出相应的应对策略与建议。

（三）研究方法

1. 语料库语言学的研究方法

我们利用大规模语料库，了解留学生在自由表达的情况下所产出的书面语中特殊句式的习得情况、具体偏误以及是否存在化石化现象。

2. 问卷调查法

调查问卷中，我们对特殊句式设计了相关调查问卷，了解具体情境下学生对特殊句式的使用和习得情况。

3. 访谈法

我们对参加问卷调查的被试进行了访谈，以了解他们在限制语境下使用特殊句式的情况及偏误出现的原因。

（四）语料来源及标注

本书语料全部来自北京语言大学的"HSK 动态作文语料库 1.1 版"。该语料库收集了 1992—2005 年间参加高等考试的各国考生的作文。本研究以韩日留学生为例，考察学习者汉语特殊句式习得的化石化现象。语料中韩国考生共 1 930 篇作文（A 级 19 篇，B 级 307 篇，C 级 1 604 篇），日本考生共 1 646篇作文（A 级 19 篇，B 级 312 篇，C 级 1 315 篇），在数量上占绝对优势。同时，教育部官网信息显示，2014—2016 年韩国、日本来华留学生总数均位列前十，是来华留学生的重要来源国；加之，韩语和日语的语法存在高度对应关系，且皆保存着大量的汉字词。有鉴于此，本研究语料全部取自韩国和日本考生的作文。

根据研究的需要，剔除不合要求的作文，我们共选取了韩日考生的1 264 篇作文，具体包括：韩国考生中所有获得 A 级证书的 19 篇作文，所有获得 B 级证书的 305 篇作文，以及随机抽取的获得 C 级证书的 305 篇作文。其中，C 级作文抽取的方法是，在每一个作文题目下随机抽取与 B 级相同篇数的作文。日本考生的语料的选取方法与韩国考生相同，共选取 A 级作文 19篇、B 级和 C 级作文各 308 篇。所选作文总字数为 483 409，其中 A、B、C 三级的字数分别为 16 839 字、243 434 字、223 136 字。

我们对选取的作文中的"把"字句、"被"字句、"比"字句、兼语句、"是"字句、"是……的"句、"有"字句进行了标注。标注内容包括：证书等级、国别、句式、语义类型（"是"字句和"有"字句）、偏误类型（包括正确）。标注完成后将各句式用例和标注材料统一收集到 Excel 表格中，便于进行整理和统计。

关于偏误类型，学界的分类不太一致。鲁健骥（1994）最早将偏误分为四类：遗漏、误加、误代、错序。周小兵（2009）将偏误分为五类：误加、遗漏、错位、误代、杂糅，增加了"杂糅"一项。张宝林（2010）在考察"把"字句的习得时将偏误分为三类：遗漏、泛化、其他偏误。基于前人的研究，综合考虑各种因素，本研究将偏误类型分为三类：遗漏、泛化、内部偏误。三种偏误类型的操作性定义分别是：遗漏偏误是指语境要求使用某种句式而没用；泛化偏误是指语境不要求使用某种句式且母语者一般不会使用某种句式的情况下使用了某种句式；内部偏误是指语境要求使用也使用了某种句式，但存在错误，包括动词后缺少其他成分、语序错误等。

关于偏误判定标准，我们以现代汉语语法规范作为判定准确性的标准，现代汉语语法规范采用普遍认可的典范的现代白话文著作作为参照。

具体疑难实例判定处理方法是当遇到某种语言形式难以判定正确与否时，采用三种解决方法：①回溯语料，回到原文中；②在现代汉语语料库中（如"国家语委现代汉语语料库"）检索是否存在某种用法；③项目组成员共同商量。

具体标注示例如表 1-1 所示。

表 1-1

国籍	等级	语料	语义类型	句式	偏误类型
日本	A	寺庙里有三个和尚	存在一	S＋有＋O	正确
韩国	B	因宿舍每天都有提供三餐，而且宿舍是新建的		有＋VP	泛化
韩国	B	这个方案对个人健康和公众利益非常大的影响	领有三	S＋对＋O有＋O	遗漏
日本	B	对我影响最大的一个人，那就是我姥姥	等同	S＋就是＋O	内部偏误

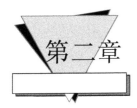

第二章

韩日背景高级汉语学习者
"把"字句的习得

一、研究综述

"把"字句研究几十年来一直是汉语语法研究的一个热点，从最早的黎锦熙、吕叔湘、王力到张志公、丁声树，一直到王还、饶长溶等，很多语言学家从各个角度对"把"字句进行了深入研究。"把"字句历来被认为是外国人学习汉语的一大重点和难点，也一直为中外汉语研究者所关注。几十年来，研究者从各个角度对其进行了大量研究，也取得了显著的成果。

（一）"把"字句本体研究

学界对"把"字句的研究主要是从语法句式、语义、语用这三方面进行的，其中又以对"把"字句的语法句式分类最为成熟。崔希亮（1995）进行了"把"字句句法形式的分类和统计，根据"把"后动词结构形式将"把"字句分为典型形式和其他形式。李英、邓小宁（2005）根据前人的研究成果，将"把"字句的句式归为13种，比崔希亮（1995）的九类句式多出了"A 把B＋V 了""A 把 B＋VR（R 为状态/程度补语）""A 把 B＋状语＋V""A 把B＋给＋VR"四种句式。范晓（2001）从"把"字句动词配价的角度将"把"字句分为光杆儿动词式、动体式、动结式、动趋式、动介式、动得式、动量式等10 类句式。刘培玉（2002）将"把"字句分为动宾式、动补式、状动式、重叠式等五类。乔芸、郭凤杰（2007）依据"把"字句谓语的动词性句法成分的特点，将"把"字句分为动补式、动宾式和动词"把"字句三大类句式。刘月华（2001）从"把"的宾语、"把"字句的谓语、"把"字句的补语、谓语动词的宾语、状语的顺序五个方面对"把"字句的句式进行了描述，分类较细。

在句式语义方面，学界也从不同角度进行了探讨，主要有黎锦熙（1924）的"提宾说"、王力（1985）的"处置说"、邵敬敏等人（1995）的"致使说"、张旺熹（2001）的"移位说"、沈家煊（2002）的"主观处置说"等。

关于"把"字句的语用分析，薛凤生（1987）认为，介词"把"后的 B 是说者要评述的话题，必须是句子的首要主题，主语 A 只是句子的次要主题。曹逢甫（1987）指出介词"把"字标记了其后的 NP 为特殊的主题，表明第一主题与"把"后第二主题的关系，并突出由动词及其补语所表达的结果。崔希亮（1995）认为 VP 是句子的焦点，VP 的补语是焦点中的焦点。从信息结构看，B 是已知信息，VP 是焦点信息。刘培玉（2002）认为，"把"字句的语用特征是既突出"把"的宾语，又突出动词及其前后的成分，或者说"把"的宾语受作用的情况是"把"字句的焦点。张旺熹（1991）分析了"把"字句使用的语境特征，指出"把"字句结构始终处于一个明确的因果关系（包括条件关系、目的关系）意义范畴之中。当人们强调这种因果关系时，便要使用"把"字句。金立鑫（1997）认为，当前接句中有成分与后续句宾语同指时，后续句有使用"把"字句的倾向。李宁、王小珊（2001）考察了"把"字句在话语中的语用功能类别，指出"把"字句的主要语用功能依次为阐述、指令、表达和宣告。

（二）"把"字句习得研究

"把"字句历来被认为是外国人学习汉语的一大重点和难点，也一直为中外汉语研究者所关注。几十年来，研究者从各个角度对其进行了大量研究，也取得了显著的成果。其中，针对"把"字句习得情况进行的研究，是近年来研究者的一个研究热点（熊文新，1996；高小平，1999；余文清，2000；林载浩，2001；张宝林，2010；黄自然，2012；赵娜，2016，等等）。但已有习得研究中尚存在一些问题，包括："考察的范围小，结论的普遍性不强，对习得情况认识不清"[1]；"被试选择无控制，要么被试太少，要么被试母语背景混杂；材料来源不清，统计方法选择不当。这在很大程度上影响了研究结论的可靠性和科学性，影响了研究质量的提高"[2]。另外，之前的研究多为偏误分析，语言运用分析少。

本研究拟在借鉴前人成果的基础上，基于大规模语料库对高级阶段韩日学习者"把"字句习得情况进行全面考察，为对外汉语教学提供借鉴。我们采用的研究方法有三：一是语料库语言学的研究方法。利用大规模语料库，考察留学生在自由表达的情况下所产出的书面语中，特殊句式"把"字句存在的偏误类型以及是否存在化石化现象。二是问卷调查法。针对"把"字句设计规定情境的选择正确答案和翻译两类题型，了解具体情境下学生对特殊句式的使用和习得情况及是否存在化石化现象。三是访谈法。对参加问卷调查的被试进行访谈，以了解他们是否存在回避使用特殊句式的现象及出现偏误的原因。

---

① 张宝林. 外国人汉语句式习得研究的方法论思考［J］. 华文教学与研究，2011（2）.

② 王建勤. 汉语作为第二语言学习者习得过程研究评述［J］. 北京师范大学学报：社会科学版，2006（3）.

二、"把"字句的分类

根据"把"字句内部局部特点的不同，"把"字句可以细分为不同的下位句式。前人在此方面的研究较多，比较有代表性的有薛凤生（1994），崔希亮（1995），赵淑华等（1997），李英、邓小宁（2005），范晓（2001）等。为了便于分析，本书参照吕文华的"把"字句的语义分类及出现频率①，将"把"字句分为 15 种下位句式。它们分别是：

(1) 主 + 把 + 宾 + 动 + 在 + 宾语（处所）

(2) 主 + 把 + 宾 + 动 + 到 + 宾语（处所）

(3) 主 + 把 + 宾 + 动 + 给 + 宾语（对象）

(4) 主 + 把 + 宾 + 动 + 成 + 宾语

(5) 主 + 把 + 宾 + 动 + 结果补语

(6) 主 + 把 + 宾 + 动 + 趋向补语

(7) 主 + 把 + 宾 + 动 + 做/为 + 宾语

(8) 主 + 把 + 宾 + 动 + 情态补语

(9) 主 + 把 + 宾 + 动 + 动量补语

(10) 主 + 把 + 宾 + 动 + 了/着

(11) 主 + 把 + 宾 + 状语 + 动

(12) 主 + 把 + 宾 + 动 + 宾语

(13) 主 + 把 + 宾 + 动词重叠

(14) 主 + 把 + 宾 + 动词（光杆儿动词）

(15) 主 + 把 + 宾 + 连谓结构

三、HSK 动态作文语料库"把"字句的习得情况

（一）"把"字句的整体表现分析

本研究首先将语料中所有的"把"字句进行了正确与偏误分类。

正确用例，如：我忍不住了，把电话放在一边儿不听。

遗漏偏误的例句，如：所以这两个问题中，我们应该饥饿的问题放在第

---

① 吕文华. 对外汉语语法教学探索［M］. 北京：语文出版社，1994：179. 此出现频率是根据从 53 万字的语料中收集到的 1 094 个"把"字句统计出来的。

一位，这才是对的。

泛化偏误的例句，如：这把我灰心了。

内部偏误的例句，如：我们去山底下的时候，你是不是把大水桶里的水偷偷地喝？

韩日学习者"把"字句习得的整体表现见表 2－1。

表 2－1　韩日学习者"把"字句习得的整体表现

类型	数量	占总数的比例
正确	401	68.4%
内部偏误	76	13%
遗漏	58	9.9%
泛化	51	8.7%
总计	586	100%

表 2－1 显示，"把"字句的使用正确率为 68.4%，韩日学习者"把"字句的总体习得情况不太理想；在所有的错误用例中内部偏误占所有用例的比例最高，其次是遗漏偏误，泛化偏误所占比例最低。

（二）"把"字句的偏误分析

1. "把"字句的内部偏误

在所有偏误用例中，内部偏误的用例数量最多，具体情况下文将结合各句式类型一一分析，现从整体上总结一下。内部偏误的用例分布情况见表 2－2。

表 2－2　韩日高级汉语学习者"把"字句的内部偏误

内部偏误类型	用例数量	所占比例
动词部分错误（包括少动词、少介词、介词错误、动词错误等）	48	63.2%
语序错误	14	18.4%
动词后缺少其他成分	13	17.1%
其他	1	1.3%
总计	76	100%

由表2-2可看出,"把"字句中的动词部分的错误最多,占所有内部偏误的一半以上,这类错误主要是动词后的介词错误;其次是语序错误和动词后缺少其他成分。

2. "把"字句的泛化偏误

对于什么时候要用"把"字句,什么时候不能用"把"字句,很难用一两句话说清楚。刘月华(2001)认为,选择"把"字句,既有表达上的需要,也有结构上的限制。这类偏误共有51例,典型的错误用例有三类,第一类是该用兼语句而误用"把"字句。用例如下:

例1　音乐影响人的感情,把人感到高兴或者悲伤。

例2　这把我灰心了。

例3　如果只要把人活着就可以。

以上三例都是兼语句错误地用做了"把"字句,例1可以修改为"使人感到高兴或者悲伤";例2可以修改为"这使我很灰心";例3可以修改为"只要让人活着就可以"。

第二类是该用主谓句而误用"把"字句。用例如下:

例4　人类把科学发展的目的就是为了生活方便。

例5　作为家长,我应该把自己做好。

例6　他们都是看到大人都在吸烟从而把那行为学会的。

以上三例都是主谓句错误地用做了"把"字句,例4可以修改为"人类发展科学的目的就是为了生活方便";例5可以修改为"作为家长,我应该做好自己";例6可以修改为"他们都是看到大人都在吸烟,从而学会那行为的"。

第三类为该用其他介词而误用"把",用例如下:

例7　我们把自然的、令人悦耳的自然的声音代替那些的话会好一些的。

例8　环境保护部门打算把自然之声代替噪声的确有利于人民的生活。

例9　发达国家可以把健康食品——绿色食品为主。

以上三例都是其他介词错误地使用了介词"把",例7可以修改为"我们用自然的、令人悦耳的声音代替那些的话会好一些";例8可以修改为"环境保护部门打算用自然之声代替噪声,的确有利于人民的生活";例9可以修改为"发达国家可以以健康食品——绿色食品为主"。

除上述偏误之外,还有两个用例为句中"把"为赘余成分,应删除。用

例如下:

例 10 万一不小心把火没灭好,引起火灾。

例 11 人们把用未经污染的农产品加工做出"绿色食品",还有一个问题。

例 10 可以修改为"万一不小心火没灭好,引起火灾";例 11 可以修改为"人们用未经污染的农产品做出绿色食品,还有一个问题"。

表 2 - 3 呈现的就是各小类偏误用例的统计情况。

表 2 - 3 韩日高级汉语学习者"把"字句泛化偏误类型统计

泛化偏误类型	用例数量	占所有偏误比例
应用主谓句而误用"把"字句	29	56.9%
应用兼语句而误用"把"字句	12	23.5%
该用"用、以、对"等介词而误用"把"	8	15.7%
多用"把"字	2	3.9%
总计	51	100%

由表 2 - 3 可看出,该用主谓句而误用"把"字句的偏误用例所占比例最高,一半以上的用例属于此类;其次是该用兼语句而误用"把"字句的用例。

3."把"字句的遗漏偏误

除了内部偏误和泛化偏误以外,韩日学习者在使用"把"字句时还存在较多的遗漏偏误,各句式的遗漏偏误详见表 2 - 4。

表 2 - 4 韩日高级汉语学习者"把"字句遗漏偏误类型统计

句子类型	遗漏
主 + 把 + 宾 + 动 + 成 + 宾语	15
主 + 把 + 宾 + 动 + 在/于 + 宾语	10
主 + 把 + 宾 + 动 + 到 + 宾语	8
主 + 把 + 宾 + 动 + 为/做 + 宾语	7
主 + 把 + 宾 + 动 + 给 + 宾语	6
主 + 把 + 宾 + 动 + 结果补语	6
主 + 把 + 宾 + 动 + 趋向补语	3
主 + 把 + 宾 + 动 + 情态补语	1

续表

句子类型	遗漏
主＋把＋宾＋动＋了/着	1
主＋把＋宾＋V（光杆儿动词）	1
主＋把＋宾＋动＋动量补语	0
主＋把＋宾＋状语＋动	0
主＋把＋宾＋动词重叠	0
主＋把＋宾＋动＋宾语	0
主＋把＋宾＋连谓结构	0
共计	58

从表2－4可见，"把"字句中遗漏多发生在动词后有介宾短句的句式中，其次是动词后有结果补语的句式中，而其他句式发生遗漏的情况非常少或者没有遗漏偏误。下文将结合各句式一一说明。

（三）韩日学习者"把"字句不同等级的习得情况

从学习者的水平角度，本研究对A、B、C三级学习者的"把"字句的总体使用情况进行了统计分析，结果发现：

一是A、B、C三级"把"字句的使用频率分别为0.13、0.12、0.12，三级的使用频率基本一致。[①]

二是A、B、C三级"把"字句的正确率分别为88%、73.7%、60.2%，A、B、C三级"把"字句的习得存在差异，正确率顺序从大到小依次是A、B、C，即学习者的水平越高，"把"字句习得越好。

具体数值详见表2－5。

表2－5　韩日高级学习者"把"字句不同等级的习得情况

类型	A	B	C	总计
正确	22	220	159	401
内部偏误	1	34	41	76

---

① 使用频率＝使用总数/作文总字数（A、B、C三级的总字数分别为16 839字、243 434字、223 136字，单位为万分之）

续表

类型	A	B	C	总计
遗漏	1	25	32	58
泛化	1	18	32	51
总计	25	297	264	586
使用频率	0.13	0.12	0.12	0.12
正确率	88%	73.7%	60.2%	68.4%

（四）韩日学习者"把"字句各下位句式的习得情况

1. 句式一：主＋把＋宾＋动＋在（于）＋宾语

此类"把"字句谓语动词的宾语是方位词语或处所词语，谓语动词与宾语之间有结果补语"在（于）"。正确用例如下：

例 12 父亲好像永远在我的面前，带领我向一个又一个山峰攀登，把一个又一个困难踩在脚下。

例 13 如果你觉得自己条件太好，那不妨试试把自己放在艰难的情况中。

例 14 他现在在东京一边上班一边自己写文章，把自己的文章登在杂志上。

语料中此类"把"字句共出现 93 个，其中 78 个为正确用例，正确率为83.8%；内部偏误为五个，遗漏用例为十个。内部偏误和遗漏用例如下：

例 15 有人把烟头随意扔掉路上。

例 16 如果禁止路上抽烟的话，可以节省我们纳税的钱，从而把这笔钱可以用上别的地方了。

例 17 我认为，从目前来看，应该放不挨饿在第一位。

例 15 补语"掉"错误，可以修改为"有人把烟头随意扔在路上"；例 16 语序和补语错误，可以修改为"从而可以把这笔钱用在别的地方了"；例 17 为遗漏偏误，可以修改为"我认为，从目前来看，应该把不挨饿放在第一位"。

2. 句式二：主＋把＋宾＋动＋到＋宾语

此类"把"字句谓语动词的宾语是方位词语或处所词语，谓语动词与宾语之间有结果补语"到"。正确用例如下：

例 18 每天把孩子亲自送到学校。

例 19 这些比较沉重的东西，还是把它放到一边去吧。

例 20 其次人多了，容易把责任推到别人的身上。

语料中此类"把"字句共出现 51 个，其中 34 个为正确用例，正确率为 66.7%；内部偏误为九个，遗漏用例为八个。内部偏误和遗漏用例如下：

例 21　中国那样的国家可以把剩余的绿色食品出口产生量低的国家。

例 22　随着经济的快速发展，很多国家已经解决了饥饿问题。而且注意力转移到食物的质量上。

例 23　他向别的和尚说："你们用水桶抬水到庙里的大水桶。"

例 21 少补语"到"，可以修改为"中国那样的国家可以把剩余的绿色食品出口到产生量低的国家"；例 22 为遗漏偏误，可以修改为"随着经济的快速发展，很多国家已经解决了饥饿问题，而且把注意力转移到食物的质量上"；例 23 为遗漏偏误，可以修改为"他向别的和尚说：'你们用水桶把水抬到庙里的大水桶里'"。

内部偏误中，错误最多的是少介词"到"或者"到"错用为其他介词，一共有七例。

3. 句式三：主 + 把 + 宾 + 动 + 给 + 宾语

此类"把"字句谓语动词的宾语是对象，谓语动词与宾语之间有"给"。正确用例如下：

例 24　父亲把他以前如何克服困难的经验都传授给我。

例 25　再次把先进国所有的生产方法教给饥饿的人们。

例 26　特别是希望能在中国当一名导游，把中国的大好河山一一展现给世界每一个地区、每一个角落的观光客人。

语料中此类"把"字句共出现 29 个，其中 18 个为正确用例，正确率为 62.1%；内部偏误为五个，遗漏用例为六个。内部偏误和遗漏用例如下：

例 27　不过，除了带来好的方面以外还带来了不好的风气，就是把自己的责任转嫁别人。

例 28　我们有责任把为人民服务的精神传到给以后的人。

例 29　那么我们不如把这些钱花在更有用的地方。可以支援粮食给那些挨饿的人们同时还要不断地研究、探索更好的解决的方法。

例 27 为少介词"给"，可以修改为"就是把自己的责任转嫁给别人"；例 28 为多介词"到"，可以修改为"我们有责任把为人民服务的精神传给以后的人"；例 29 为遗漏偏误，可以修改为"可以把粮食支援给那些挨饿的人们"。

在内部偏误中，错误最多的是少介词"给"，一共有三例。

4. 句式四：主 + 把 + 宾 + 动 + 结果补语

此类"把"字句的谓语动词后是结果补语，动词和形容词皆可，正确用例如下：

例 30 我想这个时候病人或他的家人选择死而把人工呼吸器摘下也可以。

例 31 如果发现边走边吸烟的人，他们就会走上前帮他把烟灭掉。

语料中此类"把"字句共出现 85 个，其中 62 个为正确用例，正确率为 72.9%；内部偏误为 17 个，遗漏用例为六个。内部偏误和遗漏用例如下：

例 32 想要当好记者，应该先把拿好材料。

例 33 世上没有一个人不愿意把自己的事情做得好。

例 34 比如说，像火车站人多的地方有的人随便吸烟的话，有可能给别人烫伤。

例 32 为语序错误，可以修改为"应该先把材料拿好"；例 33 为补语错误，可以修改为"世上没有一个人不愿意把自己的事情做好"；例 34 为遗漏偏误，可以修改为"比如说，像火车站人多的地方，有的人随便吸烟的话，有可能把别人烫伤"。

5. 句式五：主 + 把 + 宾 + 动 + 趋向补语

此类"把"字句的谓语动词后是趋向补语，简单趋向补语和复合趋向补语皆可，正确用例如下：

例 35 同学们把随身听、MP3 等都带来了。

例 36 如果我把这些垃圾捡起来，扔在果皮箱里的话，

语料中此类"把"字句共出现 36 个，其中 28 个为正确用例，正确率为 77.8%；内部偏误为五个，遗漏用例为三个。内部偏误和遗漏用例如下：

例 37 其二是把自己的意见都明明白白地阐述。

例 38 我一直认为是它带来的把无限幸福。

例 39 你看，我这么瘦，怎么能那么多水挑过来呢？

例 40 而对于个人来说，根据个人情况出钱或者个人收入的一定的部分交出。

例 37 少趋向补语，可以修改为"其二是把自己的意见都明明白白地阐述出来"；例 38 为语序错误，可以修改为"我一直认为是它把无限幸福带来的"；例 39 为遗漏偏误，可以修改为"你看，我这么瘦，怎么能把那么多水挑过来呢"；例 40 为遗漏偏误，可以修改为"而对于个人来说，根据个人情

况出钱，或者把个人收入的一定的部分交出来"。

6. 句式六：主+把+宾+动+为/做+宾语

此类"把"字句谓语动词的宾语具有认定意义，谓语动词与宾语之间有"为/做"。正确用例如下：

例41 欧美人把约旦称为"中东的瑞士"。

例42 有的宗教把"安乐死"当作自杀。

语料中此类"把"字句共出现58个，其中46个为正确用例，正确率为79.3%；内部偏误为五个，遗漏用例为七个。内部偏误和遗漏用例如下：

例43 我们不应该把安乐死为对病人最好的办法。

例44 听流行歌曲当作一种休闲方式，享用它就行了。

例45 所以我们叫自己最熟悉的语言"母语"。

例43为动词部分错误，可以修改为"我们不应该把安乐死作为对病人最好的办法"；例44为遗漏偏误，可以修改为"把听流行歌曲当作一种休闲方式，享用它就行了"；例45为遗漏偏误，可以修改为"所以我们把自己最熟悉的语言叫作'母语'"。

7. 句式七：主+把+宾+动+成+宾语

语料中此类"把"字句共出现91个，其中66个为正确用例，正确率为72.5%。正确用例如下：

例46 我父亲失望了，但他把我看成男孩。

例47 把"安乐死"看成一个让病人安乐的方法也是一种，把它看成一个杀人的合法化也是一种。

内部偏误为十个，遗漏用例为15个。内部偏误和遗漏用例如下：

例48 在日本的小学最近用自然之声取代噪声的办法；把恼人的开始上课的铃声取代了鸟的叫声。

例49 如果人们要还回自然之声，把机器声音改变自然之声。

例50 很多研究者已经开始反映自己的想法。比如，地铁站里常常听到的警报换成昆虫之声等。

例51 这样一个挫折，有的人把它变成绝望，有的人呢？变成成功。

例48为动词部分错误，可以修改为"把恼人的开始上课的铃声换成了鸟的叫声"；例49少补语"成"，可以修改为"把机器声音改变成自然之声"；例50为遗漏偏误，可以修改为"比如，把地铁站里常常听到的警报换成昆虫之声等"；例51为遗漏偏误，可以修改为"有的人呢？把它变成成功"。

8. 句式八：主 + 把 + 宾 + 动 + 情态补语

语料中此类"把"字句共出现16个，其中八个为正确用例，正确率为50% 。正确用例如下：

例52 冬天的话，天气冷大家把门关得紧紧的。

例53 你不要把这次失败看得太重……

例54 此时到处都是前来观日出的人，把整座日观峰观景处挤得水泄不通。

内部偏误为七个，遗漏用例为一个。内部偏误和遗漏用例如下：

例55 如果我们选绿色食品的话可能把饥饿问题变成更大。

例56 长期使用基因做出来的蔬菜，会把人的身体改变不正常。

例57 但是我认为刚才说到大部分流行歌反映的是现代生活，因此在现代生活中遇到的困难、不满、紧张的情况等等描写得很好。

例55为补语错误，可以修改为"如果我们选绿色食品的话，可能把饥饿问题变得更大"；例56为动词部分错误，可以修改为"长期使用基因做出来的蔬菜，会把人的身体变得不正常"；例57为遗漏偏误，可以修改为"因此把在现代生活中遇到的困难、不满、紧张的情况等等描写得很好"。

9. 句式九：主 + 把 + 宾 + 动 + 动量补语

语料中此类"把"字句共出现五个，其中四个为正确用例，正确率为80% 。正确用例如下：

例58 现在就把我自己的看法讲述一下。

例59 有时父母把他们的子女教训了一顿。

例60 我想把印象最深的旅游介绍一下。

内部偏误为一个，没有遗漏用例。内部偏误如下：

例61 先用英语、汉语把病情介绍。

例61为少补语，可以修改为"先用英语、汉语把病情介绍了一下"。

10. 句式十：主 + 把 + 宾 + 动 + 了/着

语料中此类"把"字句共出现14个，其中九个为正确用例，正确率为64.3% 。正确用例如下：

例62 但看到每天他痛苦的样子，医生最后把他杀了。

例63 在一般情况下，吸烟者抽完以后就随便把烟头扔了。

例64 如果能造出这种的话，人们可以把"饱"和"健康"的问题解决了。

内部偏误为四个，遗漏用例为一个。内部偏误和遗漏用例如下：

例 65　大部分的吸烟者在马路上吸烟后，把烟头随手就扔。

例 66　她把工作退辞以后，又开始了学习。

例 67　所以虽然我们很久没见面，但是已经把该知道的都知道着。

例 68　虽然有些人把吸完的烟扔在垃圾箱里，不过火没有灭，给箱子烧了。

例 65 为动词后少"了"，可以修改为"把烟头随手就扔了"；例 66 为动词部分错误，可以修改为"她把工作辞了以后，又开始了学习"；例 67 为"着"错误，可以修改为"但是已经把该知道的都知道了"；例 68 为遗漏偏误，可以修改为"不过火没有灭，把箱子烧了"。

11. 句式十一：主 + 把 + 宾 + 状语 + 动

语料中此类"把"字句共出现四个，其中三个为正确用例，正确率为75%。正确用例如下：

例 69　有些人将烟蒂乱扔。

例 70　以后我把很多的蔬菜往日本出口。

例 71　我估计他们会把抽完了的烟随地乱扔的。

内部偏误为一个，没有遗漏用例。内部偏误用例如下：

例 72　抽烟的人往往把烟头乱扔到处。

例 72 为语序错误，可以修改为"抽烟的人往往把烟头到处乱扔"。

12. 句式十二：主 + 把 + 宾 + 动词重叠

语料中此类"把"字句共出现两个，均为正确用例，正确率为100%。正确用例如下：

例 73　但是我要把他的缺点改一改……

例 74　如果有必要的话，也要把这方面的法律改一改。

虽然此句式的全部用例正确，但是用例中所使用的动词只有"改"，动词的分布不够丰富，所以不能认为学习者已经成功习得了此类句式。

13. 句式十三：主 + 把 + 宾 + 动 + 宾语

语料中此类"把"字句共出现 14 个，其中 13 个为正确用例，正确率为92.9%。正确用例如下：

例 75　老妇人走了以后，我把这件事告诉了上司。

例 76　我们不能太自私，应该把自己的一片爱心给挨饿的人们，使他们有更多的粮食吃。

例77　我们应该把这些干净的给没钱买而饥饿的人们，这样可以大大减少饥饿的人。

内部偏误为一个，没有遗漏用例。内部偏误用例如下：

例78　产量不会降低很多，把一些粮食能给挨饿的人们。

例78语序错误，可以修改为"能把一些粮食给挨饿的人们"。

此类"把"字句的动词使用的最多的是"给"，其次是"告诉"。

14. 句式十四：主＋把＋宾＋V（光杆儿动词）

语料中此类"把"字句共出现28个，其中22个为正确用例，正确率为78.6%。正确用例如下：

例79　如果稍微不小心点儿，忘了把烟头熄灭，很可能还会引起火灾。

例80　反而假如我们禁止生产绿色食品以及大量地投入化肥和农药，会把农产品价格降低。

例81　我们把我自己该干的任务完成。

内部偏误为五个，一个遗漏用例。内部偏误用例和遗漏用例如下：

例82　如果把这些打算都实现出来，那该多好啊！

例83　许多国家之所以没有把完全消除烟，是因为这烟能带来巨额的金钱。

例84　我想还是先在生活里头不必要的声音取消，取缔。

例82多"补语"，可以修改为"如果把这些打算都实现，那该多好啊"；例83为语序错误，可以修改为"许多国家之所以没有完全把烟消除"；例84为遗漏偏误，可以修改为"我想还是先在生活里头把不必要的声音取消、取缔"。

15. 句式十五：主＋把＋宾＋连谓结构

语料中此类"把"字句共出现九个，全部为正确用例，正确率为100%。正确用例如下：

例85　我把零分的考卷给妈妈看。

例86　没过几天，班里有一半的同学也把随身听带来听。

例87　每个人或几个人一起想一个方法，然后把他们想出来的法子让科学家研究。

此类用例中兼语结构的用例最多，其次是连动结构。

（五）韩日学习者"把"字句下位句式的总体习得情况

为了更直观、清楚地显示各句式类型的习得情况，列表统计如表 2 – 6 所示：

表 2 – 6　韩日高级学习者"把"字句各句式类型的习得情况

句子类型	总计	正确	内部偏误	遗漏	正确率	使用频率①	母语者使用频率②	正确使用相对频率③
主 + 把 + 宾 + 动 + 在/于 + 宾语	93	78	5	10	83.8%	1.92	2.37	14.6
主 + 把 + 宾 + 动 + 到 + 宾语	51	34	9	8	66.7%	1.06	1.85	6.4
主 + 把 + 宾 + 动 + 给 + 宾语	29	18	5	6	62.1%	0.599	1.04	3.3
主 + 把 + 宾 + 动 + 结果补语	85	62	17	6	72.9%	1.76	4.81	11.6
主 + 把 + 宾 + 动 + 趋向补语	36	28	5	3	77.8%	0.745	4.11	5.23
主 + 把 + 宾 + 动 + 为/做 + 宾语	58	46	5	7	79.3%	1.20	1.3	8.6
主 + 把 + 宾 + 动 + 成 + 宾语	91	66	10	15	72.5%	1.88		12.3
主 + 把 + 宾 + 动 + 情态补语	16	8	7	1	50%	0.33	0.74	1.50
主 + 把 + 宾 + 动 + 动量补语	5	4	1	0	80%	0.10	0.4	0.74
主 + 把 + 宾 + 动 + 了/着	14	9	4	1	64.3%	0.29	0.75	1.68
主 + 把 + 宾 + 状语 + 动	4	3	1	0	75%	0.083	0.3	0.56
主 + 把 + 宾 + 动词重叠	2	2	0	0	100%	0.041	0.57	0.37
主 + 把 + 宾 + 动 + 宾语	14	13	1	0	92.9%	0.29	0.64	2.43
主 + 把 + 宾 + V（光杆儿动词）	28	22	5	1	78.6%	0.579		4.1
主 + 把 + 宾 + 连谓结构	9	9	0	0	100%	0.186		1.68
共计	535	401	76	58	68.4%	11.07		74.95

　　从表 2 – 6 可见，全部"把"字句的使用正确率是 68.4%，"把"字句的整体习得情况不理想。具体到每个句式，"主 + 把 + 宾 + 动 + 情态补语""主 + 把 + 宾 + 动 + 了/着""主 + 把 + 宾 + 动 + 到 + 宾语""主 + 把 + 宾 + 动 + 给 + 宾语"四种句式的正确率都在 70% 以下。学界常常把使用正确率作

---

①　使用频率 = 总计/483 409 × 10 000，单位为万分之。

②　吕文华. 对外汉语语法教学探索［M］. 北京：语文出版社，1994：179. 此频率是根据从 53 万字的语料中收集到的 1 094 个"把"字句统计出来的。

③　正确使用相对频率 = 正确/535 × 100，单位为百分之。

为某一语法习得与否的标准。施家炜（1998）采用80%作为习得与否的分界线，林勇民（2000）采用60%作为分界线，肖奚强、黄自然（2012）采用70%作为分界线。研究者们常将某句式的总正确率作为习得与否的分界线。参照前人的研究，本研究的抽样语料中，"把"字句的所有用例平均正确率为68.4%，因此宜采用70%作为习得与否的分界线。据此我们认为韩日学习者这四种句式的习得出现了化石化倾向。

具体到每个句式类型，如表2-6所示，韩日学习者"主+把+宾+动+在/于+宾语"的使用频率最高，为万分之1.92；其次为"主+把+宾+动+成+宾语"，为万分之1.88。以句式类型为分类标准，使用频率由高到低依次是：

主+把+宾+动+在/于+宾语

主+把+宾+动+成+宾语

主+把+宾+动+结果补语

主+把+宾+动+为/做+宾语

主+把+宾+动+到+宾语

主+把+宾+动+趋向补语

主+把+宾+动+给+宾语

主+把+宾+V（光杆儿动词）

主+把+宾+动+情态补语

主+把+宾+动+了（着）/主+把+宾+动+宾语

主+把+宾+连谓结构

主+把+宾+动+动量补语

主+把+宾+状语+动

主+把+宾+动词重叠

本书跟吕文华（1994）的研究分类不完全一样，但仍从中发现母语者"把"字句的使用频率高于韩日学习者，说明韩日学习者在使用"把"字句时存在回避现象。同时我们还发现韩日学习者的使用频率最高的是句式"主+把+宾+动+在/于+宾语"和"主+把+宾+动+成+宾语"，这与母语者的使用情况不太一样①，我们认为这与作文的话题有很大的关系。作文中有两

---

① 吕文华和邢红兵的研究都是"主+把+宾+结果补语"的使用频率最高。

个话题，一个话题是饥饿问题和绿色食品应把哪个放在第一位，学生作文中出现了许多"把……放在第一位"的句子；另一个话题是把噪音换成自然之声的话题，学生作文中出现了大量的"把……声换成……声"的句子，这大大提高了上述两种句式的使用频率。

　　从正确使用相对频率来看，如表 2-6 所示，"主+把+宾+动+在/于+宾语"的正确使用相对频率最高，其次为"主+把+宾+动+成+宾语"。各句式类型正确使用相对频率由高到低依次是：

　　主+把+宾+动+在/于+宾语

　　主+把+宾+动+成+宾语

　　主+把+宾+动+结果补语

　　主+把+宾+动+为/做+宾语

　　主+把+宾+动+到+宾语

　　主+把+宾+动+趋向补语

　　主+把+宾+V（光杆儿动词）

　　主+把+宾+动+给+宾语

　　主+把+宾+动+宾语

　　主+把+宾+动+了（着）/主+把+宾+连谓结构

　　主+把+宾+动+情态补语

　　主+把+宾+动+动量补语

　　主+把+宾+状语+动

　　主+把+宾+动词重叠

　　由上可见，韩日学习者"把"字句各句式类型的使用频率和正确使用相对频率的趋势基本一致，因此可以推断出其习得顺序基本跟正确使用相对频率一致。

　　其中，主+把+宾+动词重叠的用例全部正确，但不能因此就认为学习者已经完全习得了该句式类型。因为此类用例数量太少，只有两例，且两例均使用了同一动词。

　　（六）综合分析

　　基于上述考察，我们对于韩日留学生"把"字句习得情况形成了如下认识。

　　第一是"把"字句的总体习得情况不太理想。吕文华（1994）将"S 把+

宾 + 动 + 在/到/给/成/做 + 宾语"视为"把"字句的基本句式,将"S 把 +
宾 + 动 + 其他(其他包括结果补语、趋向补语、状态补语、动词的另一宾
语)"视为一般句式,认为二者是初中级阶段的教学内容。然而,调查中却发
现高级阶段韩日背景的汉语学习者作文中,此类句式的偏误率仍然较高。一
般来说,随着学习时间的增长和有效输入的增多,学习者对某一语法项目的
习得会越来越好,甚至完全习得,初中级教学阶段学习的内容到高级阶段应
该较少出现或者不出现偏误。"主 + 把 + 宾 + 动 + 情态补语""主 + 把 + 宾 +
动 + 了""主 + 把 + 宾 + 动 + 到 + 宾语""主 + 把 + 宾 + 动 + 给 + 宾语"四种
句式的正确率都在 70% 以下,学习者的作文中这些句式的偏误率却如此之高,
因此,我们认定这是由于学生在这些句式习得方面出现了化石化倾向。

第二是高级阶段韩日背景的汉语学习者"把"字句的句法结构还存在一
定问题。语料分析发现,"把"字句的 185 个偏误中有 76 个存在句法结构问
题,占偏误总数的 41.1%。其中"把"字句中的动词部分的错误最多,占所
有内部偏误的一半以上,这类错误主要是动词后的介词错误。这表明学习者
未将"把"字句作为整体来认知,没有建立起"把"字句的结构框架和
范式。

第三是从句法、语义、语用三方面来看,高级阶段韩日背景学习者虽然
在"把"字句的句法结构上仍存在不少问题,但总体而言,其对"把"字句
句法的掌握明显好于对语义特点及语用条件的掌握。语料中 58.9% 的偏误存
在滥用和不用"把"字句的现象,这表明学习者还没有完全把握"把"字句
的语义特征和语境背景,不知道在什么情况下表达什么意思时该用"把"
字句。

第四是在遗漏偏误中,"主 + 把 + 宾 + 动 + 在/于/到/成/给/为/做 + 宾
语"一共有 46 个用例,占所有 58 个遗漏用例的 79%。这些句式都是"把"
字句的基本句式,应该引起教学的重视。

第五是学习者的水平越高,"把"字句的习得越好,获得 A 级证书的学习
者"把"字句的习得好于获得 B 级和 C 级证书的人。

第六,基于"把"字句各句式类型的使用频率和正确使用相对频率,其
习得顺序依次为:主 + 把 + 宾 + 动 + 在/于 + 宾语、主 + 把 + 宾 + 动 + 成 + 宾
语、主 + 把 + 宾 + 动 + 结果补语、主 + 把 + 宾 + 动 + 为/做 + 宾语、主 + 把 +
宾 + 动 + 到 + 宾语、主 + 把 + 宾 + 动 + 趋向补语、主 + 把 + 宾 + V(光杆儿动

词）、主＋把＋宾＋动＋给＋宾语、主＋把＋宾＋动＋宾语、主＋把＋宾＋动＋了（着）/主＋把＋宾＋连谓结构、主＋把＋宾＋动＋情态补语、主＋把＋宾＋动＋动量补语、主＋把＋宾＋状语＋动、主＋把＋宾＋动词重叠。

四、"把"字句问卷调查及分析

（一）问卷调查

1. 调查目的

本调查主要考察以下几个问题：

一是高级阶段的韩日汉语学习者在特定的语境中有意识运用"把"字句的情况；

二是高级阶段韩日汉语学习者在特定语境下运用"把"字句时所出现的偏误跟作文中出现的是否存在共同点？

三是学习者如果不选用"把"字句进行描述，会选用什么句式？所选句式有没有普遍性？

2. 调查对象

我们选择了HSK5级以上的韩日留学生作为测试对象，参加调查的对象都是全日制在校生，都在学校接受正规的汉语教育，背景非常整齐。本调查时间为2016年6月和12月，参与调查的学生共计20名。

3. 调查方法

调查以书面调查问卷的形式进行，问卷分两个部分，一是选择正确答案，二是把语境中的韩语或日语句子翻译成汉语。在设计调查问卷时以前文提到的15个句类为主，同时根据语料调查的情况进行了调整，每部分都设计了16个问题。该调查在课下进行，不限定时间，学生在翻译时可以查词典。具体的调查问卷详见书末附录。

4. 调查结果及分析

第一部分考察的是学生对"把"字句结构形式的掌握情况，主要涉及状语成分的位置、动词后补语成分的性质、介词的使用、结构助词"着/了"的使用等。从整体上看，韩日留学生对于"把"字句结构形式的把握的正确率较高。同时也应看到，虽然相比较而言，了解这种句式的结构形式要比了解该句式的使用条件与使用场合容易一些，但学生对不同类型"把"字句结构形式的把握方面存在程度上的差异，有些题目的正确率高，有些正确率低。

排除个人因素的影响，这种差异应该主要与"把"字句的类型相关。具体情况详见表 2 - 7。

表 2 - 7　选择题的统计结果

题号	1	2	3	4	5	6	7	8	9	10	11	12	13	14	15	16
正确数量	20	20	20	8	14	18	20	18	19	20	18	17	16	9	17	19
错误数量	0	0	0	12	6	2	0	2	1	0	2	3	4	11	3	1

表 2 - 7 显示，16 个题目中，学生选择全部正确的有五个题目，即题目 1、2、3、7、10（见下文）。其中题目 1、2 为"把 + 宾语 + 动词 + 结果补语"类型；题目 3 为"把 + 宾语 + 动词 + 介词（给）+ 宾语"类型；题目 7 为"把 + 宾语 + 动词 + 介词（成）+ 宾语"类型：题目 10 为"把 + 宾语 + 动词 + 介词（到）+ 宾语"类型。这几种类型的使用频率都较高，学生掌握得也较好。

题目 1　他不小心_____。A. 把椅子倒了　B. 把椅子撞倒了　C. 把椅子撞了　D. 撞倒了把椅子

题目 2　你要_____。A. 把钱好　B. 把钱存　C. 存好把钱　D. 把钱存好

题目 3　老师说："请你_____。"A. 把你的护照交给我　B. 把一个护照交给我　C. 把你的护照交我　D. 把给我你的护照

题目 7　他的英文很好，他_____。A. 把一本书翻译成英文了　B. 把这本书翻译英文了　C. 把这本书翻译成英文了　D. 把这本书成英文了

题目 10　我来北京的那天，妈妈_____。A. 把我送在机场　B. 把我送到机场　C. 把我到机场　D. 把我送机场

学生选择正确率最低的两个题目为题目 4、14（见下文）。其中题目 4 涉及动词后使用动词重叠形式的"把"字句类型，错误率为 60%。动词重叠形式充当补语的"把"字句出现频率很低，学生接触较少，是学生选择错误的主要原因。题目 14 是动词后使用情态补语，错误率高达 55%，前面语料分析中也发现韩日学习者"把 + 宾 + 动词 + 情态补语"的习得错误率很高。题目 5 的错误率也比较高，此题涉及"把"字句状语位置的情况。"把"字句中状语成分的位置较为复杂，一般来说，助动词、否定副词、程度副词、频率副词、词充当状语成分时置于"把"字前，但表重复的副词既可以放在"把"字前，也可以放在"把"的宾语后。这样复杂的情况，学生光凭语感往往很难判断。

题目4 我的衣服很脏，妈妈说："_____。"**A.** 你把衣服洗 **B.** 你把衣服洗洗吧 **C.** 你把衣服洗吧 **D.** 你把衣服洗着

题目14 妈妈_____。**A.** 把杯子洗干干净净的 **B.** 把杯子干干净净地洗 **C.** 把杯子洗得干干净净的 **D.** 干干净净把杯子洗得

题目5 我没看清楚，请你_____，好吗？**A.** 把录像放一遍 **B.** 再把录像放一遍 **C.** 把录像一遍放 **D.** 把录像放再一遍

总体而言，结构形式简单、出现频率较高的"把"字句类型是学生掌握最好的，而结构形式相对复杂、出现频率较低的"把"字句类型则是学生掌握稍差些的。这一结果与"HSK 动态作文语料库"中韩日留学生"把"字句内部偏误的统计结果存在一定的一致性。

第二部分考察的是学生对"把"字句使用条件和使用语境的掌握情况。调查问卷中的题目以情境描述的形式给出，情境描述使用的是学生的母语——韩语或日语。各题目的情境设计皆为"把"字句最常出现或使用的语境，一般来说常需使用"把"字句。具体情况详见表 2－8。

表 2－8　学生使用"把"字句的总体情况

题目	正确	内部偏误	遗漏
1	13	0	7
2	0	0	20
3	10	0	10
4	16	0	4
5	10	7	3
6	11	0	9
7	19	0	1
8	8	2	10
9	13	3	4
10	14	5	1
11	17	0	3
12	10	1	9
13	20	0	20
14	10	0	10
15	8	0	12
16	15	0	5

从表 2 - 8 来看，学生在很多题目中未使用"把"字句。其中题目 2、3、8、14、15 所设置的情境中，有半数或半数以上的学生未使用"把"字句。这些题目中，除少数学生使用话题句外，大部分学生使用的是普通的主谓句。

题目 2　你说得真好，请你把话说下去。

题目 3　他把我的地址写错了。

题目 8　妈妈把房子打扫得干干净净的。

题目 14　有人流血了，快去把医生叫来。

题目 15　明天就要考试了，我想把书再看一遍。／我想再把书看一遍。

在这些题目中，题目 5、7、10、11、13 的情境是必须使用"把"字句的，其他题目的情境不使用也能被接受，属于可用可不用的情况。那么，在必用"把"字句的情境中，学生是否会选择使用这种句式呢？从表 2 - 8 可看出，在必用"把"字句的情境中，学生使用这一句式的频率还是较高的。绝大多数学生（≥17 人）在这些情境中选择使用"把"字句，说明中高级学生对这一句式的使用条件和典型使用语境的把握较为正确。汉语"把"字句的必用条件是学生最需要掌握的，同时也是教学中教师强调最多的地方，从这一统计结果看，教学效果还是比较令人满意的。另外也应看到，即使是在这些必用条件下，学生生成的"把"字句也还存在一定程度的内部偏误。

从表 2 - 8 可以看出，学生在使用"把"时存在一定比例的偏误，其中偏误率最高的是题目 5、8、9、10（见下文）。

题目 5　汉字真难，よく"酒"を"洒"に書いてしまいます。（……我常常把"酒"字写成"洒"字。）

题目 8　快过年了，お母さんは部屋をきれいに掃除しました。（……妈妈把房子打扫得干干净净的。）

题目 9　車を前に押してみました，但推不动。因为我的力气太小了。（我把车向前推……）

题目 10　朋友要给我寄明信片，我对他说："手紙を 12 番留学生寮に郵送してください。"（……请把信寄到留学生宿舍 12 号楼。）

学生在使用"把"字句时出现的内部偏误包括动词后未使用补语和补语用词错误，这与"HSK 动态作文语料库"的统计结果基本一致。

（二）访谈及分析

问卷调查之后，根据学生的测试结果，我们又对参与调查问卷的学生进

行了访谈,让他们回答以下四项与"把"字句特性密切相关的问题:

(1)为什么这句要用"把"字句或不用"把"字句?

(2)你经常使用(说)"把"字句吗?

(3)你经常说(或不说)"把"字句的原因是什么?

(4)你觉得"把"字句的意思是什么?

我们希望通过以上与"把"字句特性紧密相关问题的调查统计,得到韩日留学生"把"字句习得的直接、真实的反映,并为后面章节中对"把"字句偏误的分析提供一些佐证。结果表明,在被调查的20个学生中,小部分人认为"不适合用'把'字句所以没用",大部分的人表示能不用"把"字句就不用,另有极少数的学生表示不知道用"把"字句如何说;绝大部分的人表示不经常使用"把",少数人有时使用"把"(学过的、记住的句子常用),大部分人从不主动使用"把";一部分人经常不说"把"字句的原因是怕说错,没有自信,还有相当一部分人不知道什么时候该用,什么时候不该用;对于"把"字句的语义,大多数学生提到"后面有结果"或者要强调宾语时使用"把"字句。另外,我们还对调查问卷第一部分错题的错误原因简单地进行了询问,大部分学生的回答是这个语法我没学过。

通过访谈,我们对高级阶段韩日背景汉语学习者"把"字句的使用有了较为直观的了解,从中我们得出以下结论:

一是很多学习者在生活中很少使用"把"字句,"能不用就不用",因为"没有自信,怕说错"。这说明汉语学习者在使用"把"字句时确实存在回避倾向,从侧面解释了为什么在自由表达的情况下学习者未使用"把"字句的情况如此之多。

二是汉语学习者不知道什么时候要用"把"字句或什么时候不该用,说明他们没有掌握"把"字句的语义和语境情景;当谈及"把"字句的意思时,他们大多含糊其词,这大概是高级阶段韩日背景汉语学习者使用"把"字句出现偏误以至化石化的根本原因。

五、"把"字句的偏误原因分析

对于"把"字句的偏误原因,笔者认为:

一是"把"字句是汉语特有的句式,韩语和日语中没有与"把"字句对应的句式。周小兵(2004)认为是"语言的差异点造成学习困难并导致偏误"。按照标记理论，由于留学生的母语没有相应的形式，因此"把"字句是属于汉语中标记性极强的语法项目。对于母语中无标记而目的语有标记的项目，一般学习者在中介语中倾向于使用无标记形式，这造成了留学生对"把"字句的回避。由于"把"字句这种语法形式的标记性过强，学生较难习得，很难说出正确的句子，因此可以认为语言的差异可能是造成"把"字句习得困难并产生化石化的重要原因。

二是教科书基木上在初级阶段教一些基本的、常见的"把"字句，到了高年级基本上不再专门教"把"字句，而基础阶段的"把"字句教学很少吸收语法学界"把"字句研究的成果，满足于蜻蜓点水，而且常常把不同语义结构的"把"字句笼统介绍给学生，这种教学充其量给学生一个模糊的认识。韩日学生之所以用不好或者不太敢用"把"字句，与这种教学状况有很大关系。

以笔者所在学校使用的《汉语教程》（一到三册）为例，第二册（下）的第12课（第20页）用"提宾说"的方式引出"把"字句，同时指出："这类'把'字句表达通过动作使某确定事物（'把'的宾语）发生某种变化或产生某种结果。这种变化和结果一般是位置的移动、从属关系的转移和形式的变化等。"并给出"把"字句的结构：（主语）＋把＋宾语＋动词＋在／到／给／成＋宾语＋（了）。例句为：

我把毛衣放到箱子里去了。

她把花摆在卧室里了。

我把作业交给老师了。

她把这篇文章翻译成了英文。

除此之外，课文中还出现了"主语＋把＋宾语＋动＋情态补语""主语＋把＋宾语＋动＋宾语"等句式。第13课（第35页）对"把"字句主语的主动性、宾语的特指性、动词的复杂性、否定副词和能愿动词的位置进行了说明。在说明时，运用的例句体现出"主语＋把＋宾语＋V＋了""主语＋把＋宾语＋动＋结果补语（动）""主语＋把＋宾语＋动＋宾语""主语＋把＋宾语＋动＋复合趋向补语""主语＋把＋宾语＋动＋动量补语""主语＋把＋宾语＋动词重叠"六种新句式。例句为：

他把药喝了。

你把昨天的作业做完了吗？

你把护照和机票给我吧。

把要托运的行李放上来吧。

你把卡子按一下儿。

你把桌子擦擦。

课文中还出现的句式有"主语＋把＋宾语＋动＋结果补语（形）""主语＋把＋宾语＋状语＋动"。

第三册（上、下）不再将"把"字句列为语法项目。从《汉语教程》对"把"字句具体的处理情况来看，该教材基本上也是从句法形式的角度对"把"字句进行编排处理的。根据吕文华（1994）对"把"字句分阶段教学的分配，我们发现《汉语教程》把初、中、高级阶段的"把"字句的句型在连续两课一股脑儿呈现在学习者面前，而且之后的课文并没有对"把"字句进行重现、强化和总结，学生很难也不可能在很短的时间内、较少的课堂输入下正确地习得，因此难免出现化石化现象。

另外，教材中对各句式的说明解释比较笼统，有些也不甚准确。比如，第13课语法说明部分提到"把"字句"动词后面一定有其他成分……所谓'其他成分'是指：了、重叠动词、动词的宾语和补语等"。（见第36页）基于前文分析，我们认为上述说明有几点值得商榷：其一，有些光杆儿动词是可以独立用于"把"字句的；其二，有些句式如"主语＋把＋宾语＋动＋了"中的动词是有要求的，不是所有的动词都能用在此类句子中，而教材中并未对哪些动词可用于该句式进行说明。

三是教师是对外汉语课堂输入的主要提供者，数量有限或者有内容缺陷的课堂输入可能也是造成学习者产生化石化的重要因素。Gass & Selinker（2001）曾经指出："课堂学习可能会误导学习者得出不正确的结论，因为课堂输入本身往往很贫乏，而且有选择地强调某些形式。"[1] 访谈中很多学生提到"有结果时"要用"把"字句，事实上"把"字句的语义类型远不止"产生了某一结果"。这可能是学生在课堂上听到老师多次强调而产生的深刻印象。另外，课堂教学中针对某个语言结构的强化输入和学生所进行的强化训练，都可能导致学生的中介语中过多出现该结构，即所谓的语言项目产生中的"泛化"现象，这也是导致化石化错误的原因之一。

---

[1]　文秋芳．二语习得重点问题研究［M］．北京：外语教学与研究出版社，2012：93.

六、教学对策

对学习者中介语"把"字句化石化现象的探析，给对外汉语教学带来如下启示：

一是进行"把"字句教学时应有所选择，尽量选择高频率的句式开展教学。"把"字句包含的句式繁多，不同句式的使用频率存在较大的差别，而且学生在不同句式中存在的问题的严重性也不同，因此我们对汉语学习者进行教学时要有所侧重，使用频率高的、错误率高的和基本句式可以先教学，其他的句式视情况而定。根据韩日学习者"把"字句的习得情况，我们认为初级阶段应该先教"把"字句的基本句式和一般句式中的动词后带结果补语、动词后带趋向补语，其他句式应该安排到中高级阶段进行教学。

二是应加强"把"字句的语义教学。讲清楚表达什么意思时要用"把"字句，什么时候必用"把"字句，什么时候可用可不用"把"字句。对外汉语教学界对这方面的研究比较多。刘月华（2001）指出："当要针对一种事物，命令、叙述、说明对它进行什么动作，并期望它产生或叙述、说明已产生什么变化或有什么结果，同时又指明动作者、责任者时，就应该用'把'字句。"吕文华（2008）在《"把"字句的语义类型及教学》中也进行了比较全面的总结。这都可以作为我们教学的参考。

三是要求学生进行整体认知，建立"把"字句的结构框架和范式。鉴于学习者在运用"把"字句时仍然存在缺少动词、动词后少其他成分、语序错误等问题，我们认为在进行"把"字句的教学时，应把句式的结构框架和范式作为一个整体教给学生，让学生对"把"字句的句法结构有一个整体印象，从而减少或者杜绝必有成分缺失情况出现。

四是提高纠错的针对性，对偏误率高的句式进行重点纠错。通过语料分析，我们已经大致了解韩日背景的汉语学习者哪些"把"字句句式的习得存在较大问题，因此在教学中教师可以有目的、有针对性地加强这些句式的教学，提高教学效率。

五是"把"字句教学要贯穿教学的各个阶段，初级阶段要教，中高级也要涉及。吕文华（1994）结合句法、语义、语用三方面对"把"字句各个句式进行了等级划分，虽然可能学界对此看法尚不一致，但划分难度等级的做法对教学及教材编写应有一定的参考价值。

六是对外汉语教师应该提高自己的专业水平，要加强对语言本体的研究和了解。只有教师先全面透彻地了解要讲授的语言项目，才能正确地传授给学生。另外，教师的反馈在教学中非常重要。为了尽可能地推迟或缓解化石化现象的出现，教师要采用适当的交际反馈策略，在情感反馈中多采用肯定的方式，在认知反馈中宜多采用否定或中性的反馈方式，这样既可指出学生的错误，又不伤害其学习积极性。

七是教材编写要循序渐进，注意"把"字句不同句式的出现顺序及间隔。现行不少教材中，对"把"字句基本句式一般不做任何区分，往往一次性出现在同一课中，紧接着下一课就出现"把"字句一般句式和其他句式。这样做虽然可能会让学生比较全面地了解"把"字句各种句式，但是由于没有考虑到他们的接受和消化能力，往往会加重学习负担，也为"把"字句的最终习得埋下隐患。吕文华（1987，2002）提出，"语法项目选择和编排的一个主要依据就是是否反映了汉语语法的特点和是否针对外国人学习汉语的难点"，要"循着语法自身的难易差异，按照结构、语义、用法区分难易度"。周小兵（2004）提出，对外汉语语法项目的选取必须考虑使用频率、交际需求，体现汉语总体特征、学习难度。语法项目的排序要遵循的原则包括：①由易到难；②从交际出发；③参照使用频率；④相关语法点组成列；⑤复杂语法点分阶段教学。这些研究都为个体语法项目"把"字句句式的排序工作提供了参考。因此，教材在编排"把"字句时应采取分阶段教学的原则，根据各类句式的特点合理安排其出现顺序以及出现间隔。

八是教材应与时俱进，及时吸取已有的研究成果，修改教材中表述不准确的部分。比如《汉语教程》第二册（下）第36页应将"动词后面一定有其他成分"改为"动词后面一般要有其他成分，所谓'其他成分'是指：了、重叠动词、动词的宾语和补语等。除此之外，一些光杆儿动词也可以用于'把'字句"。同时，教材中可以列举以下动词（这些动词本身含有结果或完成义）：提高、降低、增加、减少、消除、实现、消灭、熄灭、加热、击落、打通、扑灭、买通、打消、熔化、冷却、缩短、改写、开除、拘留、分解、归还、交还、处决、归公、解冻、大写、火化、平分、小写、连写、对调、绿化、表面化、复杂化、概念化、简化、美化、丑化、如何、怎么样、怎么着、怎样，等等。

第三章

韩日背景高级汉语学习者
"被" 字句的习得

一、研究综述

被动句是现代汉语的常用句式之一，一直是学界讨论的热点。"被"字句历来被认为是外国人学习汉语的一大重点和难点，也一直为中外汉语研究者所关注。几十年来，研究者从各个角度对其进行了大量研究，也取得了显著的成果。

（一）"被"字句本体研究

"被"字句研究几十年来一直是汉语语法研究的一个热点，很多学者从各个角度对"被"字句进行了深入研究，也形成了一定的共识。一般认为，"被"字句表示被动意义，是现代汉语被动句的典型代表，大多用来说明不如意的事情。目前对于其句法、语义和语用功能，学者们已有较为深入细致的描写，如李临定（1986）、范晓（2001）、刘月华等（2001）、李宗江（2004），等等。其中李宗江（2004）分析了汉语被动句的语义特征并对其进行认知解释。杉村博文（2003）则是从日语的角度观察汉语被动句的特点，指出汉语倾向于以"客观世界的施受关系"作为使用被动句的语义动因，因此直接被动句发达，间接被动句不发达。张伯江（2001）考察"被"字句和"把"字句的对称与不对称现象。

同时，一些学者对"被"字句的不同下位句式及其成分的语义进行了探讨。莫红霞（2002）探讨"被"字句中"被"字宾语有无的制约条件。金允经（1996）指出，充当"被"的宾语的成分在语义上往往是主事格、经验格或工具格。王静（1996）从语义级差的角度，研究无标记被动句名词语义角色的判定依据和两种被动句的转换条件。邢福义（2004）考察承赐型"被"字句的句法和语义特点。上述研究为汉语作为第二语言教学中的被动句习得研究奠定了良好的基础。

（二）"被"字句习得研究

"被"字句历来被认为是外国人学习汉语的一大重点和难点。近年来，已有不少学者对不同母语背景的第二语言学习者被动句的使用偏误和习得情况进行分析和考察，例如：柳英绿（2000）和王振来（2004）对韩国学生习得被动句的偏误进行分析；刘姝（2005）和王振来（2005）对日本学生习得被动句的偏误进行分析；黄月圆等（2007）对母语为英语的学生习得"被"字句的情况进行考察。还有一些学者对不同形式被动句之间的分离教学进行考察，如吴门吉、周小兵（2004、2005）认为，"被"字句教学应先于表被动的"叫/让"字句教学，意义被动句的教学应先于"被"字句教学。

从上述研究可以看出，学界对被动句的偏误分析一直较为重视，其研究成果对第二语言教学也有一定的参考价值。上述研究往往是对"被"字句的总体情况进行考察的，事实上"被"字句存在一些下位类型，对第二语言学习者而言，不同下位类型的习得难度是不同的。一些研究者也曾从教学顺序的角度提出了一些教学建议，如高顺全（2001），吴门吉、周小兵（2005），黄月圆等（2007），但皆未对"被"字句不同下位类型进行逐一考察。彭淑莉（2008）仅考察动词带宾语的"被"字句，实际上，其用例仅占"被"字句的一小部分。刘红燕（2006）对"被"字句不同下位句式进行习得考察，并对"被"字句的偏误情况进行了比较全面的分析。但刘文在"被"字句下位分类方面还存在有待商榷的地方，且研究所用的中介语语料规模不够大，所考察句式中有许多在中介语语料中未出现用例，这些都影响了文章结论的可信度。周文华、肖奚强（2009）基于 90 万字的中介语语料库，对不同国别、不同水平的留学生对"被"字句六种下位句式的习得情况进行考察，研究较为深入细致。

不过，已有习得研究中尚存在一些问题，比如有的研究只涉及"被"字句的某个小类，有的研究所用语料库的规模不够大。更重要的是，之前的研究多为偏误分析，语言运用分析少。本书拟在借鉴前人成果的基础上，基于大规模语料库对高级阶段韩日学习者"被"字句的习得情况进行全面考察，以期揭示"被"字句的习得规律，从而为对外汉语教学提供借鉴。本研究采用的方法有两个：一是语料库语言学的研究方法，即利用大规模语料库，了解留学生在自由表达的情况下所产出的"被"字句偏误是否存在化石化现象；二是问卷调查法，即针对"被"字句设计规定情境的判断正误的题型，通过问卷调查，了解具体情境下学生对特殊句式的习得情况及是否存在化石化现象。

二、"被"字句的分类

《现代汉语词典》（第六版）"被"词目下两个义项与"被"字句相关：

❹ 介 用于被动句，引进动作的施事，前面的主语是动作的受事（"被"字句后表施事的名词有时省略）：那棵树～（大风）刮倒了｜这套书～人借走

了一本｜他~选为代表。❺ 助 用在动词前表示被动的动作：~压迫民族｜
~剥削阶级。

可以看出该词典将用于"被"字句中的"被"都视为介词，不管是否引进动作的施事，而把"被"字名词短语中的"被"视为助词。《现代汉语八百词》则是从形式入手，首先将"被"字句分为两类，"被"后出现施事宾语的为一类，此时"被"为介词；"被"后不出现施事宾语的为一类，此时"被"为助词。二者的处理，显然存在明显差异。我们认为将"被"字句中"被"的性质分为两类，而其语法功能却无明显差异，显然会在教学中引起学习者的困惑，因此认同《现代汉语词典》的处理方式。

"被"字句的类型划分，可以从形式入手，也可以从意义和用法入手。《现代汉语八百词》将"被"后出现施事宾语的"被"字句分为四小类：①动词后有表示完成或结果的词语，或者动词本身包含此类成分；②"被"后用单个动词；③动词后带宾语；④"被……所＋动"格式。

《实用现代汉语语法》将"被"字句划分四种格式：①介词"被"后有宾语；②"被"后面紧跟着谓语动词；③"被……所……"式；④"被……给……"式。在汉语作为第二语言的教学界，这种对"被"字句的类型划分是比较通行的。

《对外汉语教学初级阶段语法大纲》（112 页）将"被"字句分为四类，认为"被"字句的基本语义是受事者受动作影响产生的结果。在用法上，多数带有不愉快、不如意的感情色彩。表示中性或褒义时，主要用于四种情况：①描写情景；②人或事物得到了安置；③表示被选任、被赞誉；④表示愉快的心情和积极意义的心理活动。

此外，李临定（1986）对"被"字句分类最为详细，共分 32 种，描写非常细致，但不宜用于汉语作为第二语言的教学。刘红燕（2006）结合第二语言教学的实际情况，将"被"字句分为 10 类：

（1）主‖"被/给"＋动＋其他成分

（2）主‖"被/让/叫/给"宾＋动＋"了"

（3）主‖"被/让/叫/给"宾＋动＋补

（4）主‖状＋"被/让/叫/给"宾＋动＋其他成分

（5）主‖"没（有）/不"＋"被/让/叫/给"宾＋动＋其他成分

（6）主‖（状）＋"被/让/叫/给"宾＋状＋动＋其他成分

（7）主‖"被/让/叫/给"宾 + 双音节动词

（8）主‖"被/为"宾 + "所" + 动

（9）主‖"让/叫/被"宾 + "给"动 + 其他成分

（10）主‖"被/让/叫/给"宾 + 动1（+宾1）+ 动2（+宾2）

周文华（2009）结合对汉语母语者和中介语语料库的考察，发现在"被"字句中引起句式变化的主要是"被"后宾语及动词后所带成分两大部分，所以按这两部分的组合关系把"被"字句分为六类。这六类句式句法标记明显，且与语料库中"被"字句的使用情况较为一致，故本研究采用周文华（2009）的分类方法，将"被"字句分为如下六种句式：

句式1：N1 + 被 + N2 + V，"被"后有宾语，动词后不带任何成分。比如：钱包被小偷偷了。

句式2：N1 + 被 + N2 + V + N3，"被"后有宾语，动词后带宾语。比如：我被他骗了100块钱。

句式3：N1 + 被 + N2 + V + C（C为补语，下同），"被"后有宾语，动词后带补语。比如：我的钱包被小偷偷走了。

句式4：N1 + 被 + V，"被"后无宾语，动词后无成分。比如：钱包被偷了。

句式5：N1 + 被 + V + N2，"被"后无宾语，动词后带宾语。比如：我被罚了100块钱。

句式6：N1 + 被 + V + C，"被"后无宾语，动词后带补语。比如：钱包被偷走了。

三、HSK 动态作文语料库中"被"字句的习得情况

（一）"被"字句的整体表现分析

本研究首先将语料中的所有"被"字句进行正确与偏误分类。以往研究多从形式方面入手，采用"遗漏""误加""误代""错序"四分法对学习者的使用误例进行分析［如周文华（2009）等］，本研究采用"泛化""遗漏""内部偏误"三分法，来分析取样材料中"被"字句的使用误例。

本研究随机抽样语料中，日韩留学生"被"字句用例共230例，其中正确用例150例，正确率为65.2%。比如：

例1　可是这个人被面包店里的店员发现了。

例2　在公共场所边走边抽烟的人将被罚款。

例3　我们的话常常被汽车喇叭声打断。

抽样语料中韩日留学生"被"字句习得的总体使用情况，见表3－1。

表3－1　韩日留学生"被"字句的总体使用情况

类型	用例数量	所占比例
正确	149	64.8%
泛化	29	12.6%
内部偏误	30	13.0%
遗漏	22	9.6%

（二）"被"字句的偏误分析

1. "被"字句的泛化偏误

泛化偏误是指语境不要求使用而学习者却使用了"被"字句的误例。对于什么时候要用"被"字句，什么时候不能用"被"字句，很难用一两句话说清楚。是否使用"被"字句，有时是表达上的需要，即常用来表达一些不如意的事情；有时则是结构上的需要，比如因上下文需要，由受事成分充当句子的主语。取样作文中所涉及的230例用例中，泛化偏误用例共29例。这些泛化误例可以分为五类：

第一类：当用"因"而用"被"。此类误例，共四例。比如：

例4　有的时候我也被某种事情伤心。

例5　患者被女医生的热情、温柔的心感到幸福。

以上两例中的"被"均应改为"因"。

第二类："被"与"受""遭到"等表被动的动词共现。此类误例共六例。比如：

例6　近年来所谓的"绿色食品"被消费者很受欢迎。

例7　什么叫流行歌曲？那就是被很多人受欢迎的歌曲。

以上两例中的"被"均应删除，同时调整词序，分别改为"很受消费者欢迎"和"受很多人欢迎"。

第三类：当用兼语句而用"被"字句。此类误例共三例。比如：

例8　流行歌曲的短处是容易被上瘾。

例9　它不仅让非吸烟者无缘无故地呼吸烟气，而且其烟头处理得往往不妥，被儿童受伤。

以上两例中，例 8 应改为"流行歌曲的短处是容易让人上瘾"；例 9 中第三个分句应改为"使儿童受伤"。

第四类：当用主动句而用"被"字句。此类误例共 11 例。比如：

例 10 大部分地区已被禁止吸烟，这是应该的。

例 11 为了健康和环保，化肥和农药不能随便使用，应该被规定。

以上两例中，例 10 中的"被"应去掉，改为主动句；例 11 中"被"应去掉，同时应调整词序，改为"为了健康和环保，应该规定不能随便使用化肥和农药"。

第五类：当用其他谓语动词而用"被"。此类误例共五例。比如：

例 12 吸烟者的权利也要被保障。

例 13 吸烟虽然被肺癌的发病率明显增加，但是它让人感觉到舒服。

以上两例中的"被"分别替换成"得到"和"导致"。

表 3 – 2 中呈现的是抽样语料中各类泛化误例的分布情况。

表 3 – 2 韩日高级汉语学习者"被"字句泛化偏误的类型分布

泛化偏误的类型	用例数量	所占比例
当用主动句而用"被"字句	11	37.9%
"被"与"受"等词语共现	6	20.7%
当用其他谓语动词而用"被"	5	17.2%
当用"因"而用"被"	4	13.8%
当用兼语句而用"被"字句	3	10.3%
总计	29	100.0%

从表 3 – 2 可看出，所占比例最高的是当用主动句而使用"被"字句的情况，"被"与其他表示被动意义的词语（如"受"）共现的用例也较多。

2. "被"字句的遗漏偏误

遗漏偏误是指语境要求使用"被"字句而没有使用的误例。取样作文中所涉及的 230 例用例中，遗漏用例共 22 例。比如：

例 14 某市政府有一项规定，在公共场所边走边抽烟的人将罚款。

例 15 这种行为还是认为故意的。

例 16 一位没有钱、没有背景的老百姓选上了国会议员。

例17　你犯了罪，结果送到监狱了。

例18　因为他的脑组织已经坏死，他看成已经死亡。

从语境和句义来看，上面五个用例皆当使用"被"字句。其中例14后半分句应改为"在公共场所边走边抽烟的人将被罚款"；例15应改为"这种行为还是被认为是故意的"；例16应改为"一位没有钱、没有背景的老百姓被选为国会议员"；例17后半分句应改为"结果被送到了监狱"；例18后半分句应改为"他被看成是已经死亡"。

3. "被"字句的内部偏误

内部偏误是指符合语境要求使用了"被"字句，但句中存在错误的用例。取样作文中所涉及的230例用例中，内部偏误用例共30例，可分为五类：

第一类："被"字句中出现语序错误。此种用例共六例。比如：

例19　吸烟者觉得自己被市政府侵害吸烟的权利。

例20　我跑进了空港派出所，说"我被偷了钱!"

例21　为了别人的快乐，被侵犯自己的权力和健康，那样的事情不应该发生。

其中例19应改为"吸烟者觉得自己吸烟的权利被市政府侵害了"；例20后半句应改为"我的钱被偷了"；例21应改为"为了别人的快乐，自己的权利和健康被侵犯，那样的事情不应该发生"。

第二类："被"字句中缺少主要动词。此种用例共三例。比如：

例22　别按喇叭，已经被交通堵塞神经质的人，更受不了。

例23　写满字的信纸常常被我乱七八糟的。

例24　谁的衣服或携带的什么物品都可能被坏了。

以上各例中，例22中间分句应改为"已经被交通堵塞搞得/弄得神经质的人"；例23应改为"写满字的信纸常常被我搞得/弄得乱七八糟的"；例24应改为"谁的衣服或携带的什么物品都可能被弄坏了"。

第三类："被"字句中主要动词用错。此种用例共11例。比如：

例25　我每天迟到，所以被老师挨打。

例26　吸烟的问题被人们逐渐受重视。

例27　从目前的情况看，杀害病人的人均被社会看待杀人犯。

以上各例中，例25后一分句应改为"所以总被老师打"；例26应改为"吸烟的问题逐渐被人们重视"；例27后一分句应改为"杀害病人的人均被社会看成杀人犯"。

第四类："被"字句中动词后少补语。此种用例共五例。比如：

例 28 所谓被称歌迷呀，追星呀，都跟我有关。

例 29 我们逛街的时候，可以发现被扔的烟头。

例 30 我们都不知不觉被吸引它们无边的魅力中了。

以上各例中，例 28 第一分句应改为"所谓被称为歌迷呀"；例 29 后一分句应改为"可以发现被扔掉的烟头"；例 30 应改为"我们都不知不觉被吸引到它们无边的魅力中了"。

第五类："被"字句动词后少结构助词"着"或"了"。此种用例共五例。比如：

例 31 地球的土质一直被那些不健康化学物质破坏。

例 32 结果那儿的海域被水银污染。

例 33 吸烟会引起一些致命性的病，最近连这个说法都被科学家否定。

以上各例中，例 31 句尾应添加结构助词"着"，例 32、例 33 句尾应添加结构助词"了"。

表 3 - 3 中呈现的是抽样语料中各类内部偏误用例的分布情况：

表 3 - 3　韩日高级汉语学习者"被"字句内部偏误的类型分布

内部偏误的类型	用例数量	所占比例
句中主要动词用错	11	36.7%
语序错误	6	20.0%
句中动词后少补语	5	16.7%
句中动词后少"着"或"了"	5	16.7%
句中缺少主要动词	3	10.0%
总计	30	100.0%

由表 3 - 3 可以看出，在内部偏误用例中，"被"字句中主要动词用错的用例分布最广，所占比例最高；其次是"被"字句出现语序错误的用例。

（三）韩日学习者"被"字句不同等级的习得情况

我们对不同水平日韩学习者"被"字句的使用频率及使用正确率进行了考察，如表 3 - 4 所示。

表3－4　不同水平韩日留学生"被"字句的使用频率及使用正确率

水平等级	总用例	正确用例	正确率	使用频率（万分之）
A	9	8	88.9%	0.05
B	100	77	77.0%	0.04
C	121	65	53.7%	0.05
总计	230	150	65.2%	0.05

　　从表3－4可以看出，从A级到C级，"被"字句的使用频率基本一致，但使用正确率逐级降低。这说明韩日留学生"被"字句的使用正确率与其汉语水平成正比，获得A级证书的留学生汉语水平最高，"被"字句的使用正确率也最高。"HSK动态作文语料库"中收入的语料皆为参加HSK高等考试的留学生作文，本研究语料则皆为参加高等考试且获得等级证书的留学生作文，所以可以说这些语料皆出自高级汉语学习者。而其中"被"字句的平均正确率不足70%，则说明在"被"字句习得过程中，即使是到了高级阶段，韩日留学生的"被"字句的生成尚不尽如人意。

　　（四）韩日学习者六种类型"被"字句的习得情况

　　本节中，我们将对前文提及的六种类型"被"字句的习得情况进行逐一考察，看看语料库中不同类型"被"字句的使用频率、使用正确率以及主要偏误类型是否存在差异。

　　1. 六种类型"被"字句的使用分布

　　我们首先考察的是抽样语料中六种类型"被"字句的使用频率、使用正确率及正确使用相对频率（见表3－5）。

表3－5　语料库中"被"字句各句式的使用分布

句式类型	总用例	正确数	正确率	使用频率	正确使用相对频率
N1＋被＋N2＋V	50	36	72.0%	1.03	15.7%
N1＋被＋N2＋V＋N3	17	6	35.3%	0.35	2.6%
N1＋被＋N2＋V＋C	17	13	76.5%	0.35	5.7%
N1＋被＋V	78	60	76.9%	1.61	26.1%
N1＋被＋V＋N2	40	22	55.0%	0.83	9.6%
N1＋被＋V＋C	28	12	42.9%	0.58	5.2%
总计	230	149	64.8%	4.76	64.8%

　　注：使用频率（总字数为483 409，单位为万分之）

从表 3 - 5 来看，六种句式的使用频率并不相同。其中使用频率最高的为句式 4，为万分之 1.61；其次是句式 1，为万分之 1.03。将六种句式按照使用频率从高到低排序，依次为句式 4、句式 1、句式 5、句式 6、句式 2 和句式 3。

从表 3 - 5 来看，六种句式的使用正确率也存在差异。其中使用正确率最高的是句式 4，为 76.9%；其次是句式 3 和句式 1，使用正确率分别为 76.5% 和 72%。将六种句式按照使用正确率从高到低排序，依次为句式 4、句式 3、句式 1、句式 5、句式 6、句式 2。

施家炜（1998）指出："在语料库出现的语料中，句式的正确使用频次或正确使用相对频率越高，就越容易，越早习得。"正确使用相对频率的计算方法是：正确使用相对频率 = 正确使用频次/句式的出现频次之和。从表 3 - 5 来看，六种句式的正确使用相对频率也存在差异。其中正确使用相对频率最高的是句式 4，为 26.1%；其次是句式 1，为 15.7%。将六种句式按照正确使用相对频率从高到低排序，依次为句式 4、句式 1、句式 5、句式 3、句式 6、句式 2。

从以上三种排序可以看出，抽样语料中六种类型"被"字句的使用分布表现出的总体趋势是基本一致的，尤其使用频率与正确使用相对频率的排序更为接近。由此可以初步推断，韩日高级汉语学习者对于六种类型"被"字句的习得顺序与其正确使用相对频率是一致的，也就是说学习者最早习得的是句式 4 和句式 1，最晚习得的是句式 2 和句式 6。其习得的先后顺序依次为句式 4、句式 1、句式 5、句式 3、句式 6、句式 2。

句式 1：N1 + 被 + N2 + V，动词后不带任何成分。

句式 2：N1 + 被 + N2 + V + N3，动词后带宾语。

句式 3：N1 + 被 + N2 + V + C（C 为补语，下同），动词后带补语。

句式 4：N1 + 被 + V，"被"后无宾语，动词后无成分。

句式 5：N1 + 被 + V + N2，"被"后无宾语，动词后带宾语。

句式 6：N1 + 被 + V + C，"被"后无宾语，动词后带补语。

上述关于"被"字句习得顺序的推断与周文华（2009）基本一致。

2. 六种类型"被"字句的使用偏误类型分布

这里考察的是六种类型"被"字句使用偏误的类型分布情况。我们发现，不同类型"被"字句中泛化、遗漏、内部偏误用例的分布情况并不相同（见

表3 - 6）。

表3 - 6　六种类型"被"字句的使用偏误类型分布

句式类型	正确	所占比例	内部偏误	所占比例	泛化	所占比例	遗漏	所占比例
N1 + 被 + N2 + V	36	24.2%	7	23.3%	7	24.1%	0	0.0%
N1 + 被 + N2 + V + N3	6	4.0%	6	20.0%	5	17.2%	0	0.0%
N1 + 被 + N2 + V + C	13	8.7%	3	10.0%	1	3.4%	0	0.0%
N1 + 被 + V	60	40.3%	4	13.3%	7	24.1%	7	31.8%
N1 + 被 + V + N2	22	14.8%	4	13.3%	9	31.0%	5	22.7%
N1 + 被 + V + C	12	8.1%	6	20.0%	0	0.0%	10	45.5%
总数	149	100. %	30	100. %	29	100. %	22	100.0%

从表3 - 6可以看出，句式4的使用正确率最高，其次是句式1。从使用偏误类型的分布情况看，不同句式的使用情况存在一定差异。从内部偏误来看，所占比例最高的是句式1，其次是句式2和句式6；从使用泛化用例来看，所占比例最高的是句式5，其次是句式4和句式1；从遗漏用例来看，主要集中在三种句式，其中所占比例最高的是句式6，其次是句式4和句式5。

（五）综合分析

基于上述考察结果，我们对于韩日留学生"被"字句的习得情况形成如下认识：

一是"被"字句各个句式的习得不太理想。一般来说，随着学习时间的增长和有效输入的增多，学习者对某一语法项目的习得会越来越好，甚至完全习得，初中级教学阶段学习的内容到高级阶段应该较少出现或者不出现偏误。"被"字句的六个下位句式都是对外汉语初中级阶段的教学内容，然而调查中却发现高级阶段韩日背景的汉语学习者作文中，"被"字句各句式的平均正确率仅为64.8%，偏误率都比较高。其中句式2、句式5、句式6的正确率都低于平均正确率，分别为35.3%、55%、42.9%。或许我们不能从总体上认定"被"字句的习得出现了化石化现象，但至少可以认定学习者在句式2、句式5和句式6的习得方面出现了化石化现象。

二是高级阶段韩日背景的汉语学习者对于"被"字句句法结构的掌握还存在一定问题。六种类型的"被"字句中，句式4和句式1的使用正确率最高，两个句式的共同特点是结构形式相对简单，句中动词为光杆儿动词，后面没有其他成分；而其他四种句式的共同特点是，结构形式相对复杂，句中主要动词后都需要带宾语或补语成分。这说明，学习者对于结构相对复杂的"被"字句的掌握，不如结构相对简单的"被"字句。在内部偏误用例中，这种情况反映最为突出。内部偏误用例占全部用例的13%，其中出现的缺少动词、缺少补语、缺少结构助词"了"或"着"及语序错误的用例，都说明学习者对于"被"字句结构框架的掌握尚有欠缺。

三是从句法、语义、语用三方面来看，虽然高级阶段韩日背景学习者在"被"字句句法结构的掌握上仍存在问题，但相比较而言，其对"被"字句句法结构的掌握，还是明显好于其对"被"字句语义特点及语用条件的掌握。抽样语料中，泛化偏误与遗漏偏误用例大量存在，占全部用例的22.2%，这表明尚有一些学习者没有完全把握"被"字句的语义特征和语用条件限制，不知道在什么情况下、表达什么意思时该用"被"字句。

四、"被"字句问卷调查及结果分析

（一）调查目的

本测试主要想考察以下两个问题：

（1）高级阶段的韩日汉语学习者对"被"字句语法结构及适用语境的识别情况；

（2）高级阶段韩日汉语学习者对"被"字句语法合宜度的判定情况与动态作文语料库抽样语料的考察结果存在哪些异同点？

（二）调查对象

我们选择了 HSK 5 级以上的韩日留学生作为测试对象，参加调查的对象都是全日制在校生，都在学校接受正规的汉语教育，背景非常整齐。本调查时间为 2016 年 6 月和 12 月，参与调查的学生共计 19 名。

（三）调查问卷设计

"被"字句调查问卷采用的是判断句子是否符合汉语语法，并用数字给每个句子打分的形式。如果认为句子非常不合语法，打 1 分；认为句子可能不合语法，打 2 分；认为句子可能符合语法，打 3 分；认为句子非常符合语法，打 4 分。问卷包含 20 个句子，为了证实 HSK 动态作文语料库中出现的误例是否为典型误例，我们在设计这 20 个句子时参照了抽样语料中"被"字句的部分误例。另外，本次问卷调查由学生课下完成，不限定时间（调查问卷详见书末附录)。

(四) 调查结果及分析

这份问卷包含20个题目,每个题目最高分4分,总分最高80分,最低分20分,其中间值为50分。其中1~2分表明留学生觉得该句可能或完全不符合语法,是错误的;3~4分表明留学生觉得该句可能或完全符合语法,是正确的。因此,我们可以初步判定,如果留学生为某个句子所打的总分低于50分,则说明学生总体上认为这个句子语法不对;如果留学生为某个句子所打的总分高于50分,则说明学生总体上认为这个句子语法正确。表3-7中显示的就是学生对这20个句子的打分情况(见表3-7)。

表3-7 学生对20个句子的打分情况

题号	1	2	3	4	5	6	7	8	9	10
分值	27	75	46	73	36	67	36	40	38	58
题号	11	12	13	14	15	16	17	18	19	20
分值	70	55	26	42	28	56	38	38	54	56

从表3-7可以看出,学生所打分值超过50分的有九个句子,句子题号分别为:2、4、6、10、11、12、16、19、20。这说明学生倾向于认为这些句子可能或完全符合汉语语法,可以基本认定是正确的。其余11个,学生所打分值皆低于50分,句子题号分别为1、3、5、7、8、9、13、14、15、17、18。这说明学生倾向于认为这些句子可能或完全不符合汉语语法,可以基本认定是错误的。

在这20个句子中,我们认为其中五个句子符合汉语语法,其余则与汉语语法不符。符合汉语语法的五个句子为:

题目2 小明的钱包被小偷偷走了。

题目9 那杯茶被玛丽喝了。

题目10 我的自行车被小明骑坏了。

题目11 我的钱包被偷了。

题目19 那个苹果被我吃了。

而其余的15个句子,有些是"被"字句的泛化误例,有些则是"被"字句的内部偏误误例。

题目 1 王老师被学生们喜欢。（泛化）

题目 7 我被他的热情感到幸福。（泛化）

题目 8 那支歌被他唱了。（泛化）

题目 13 我们被这样的问题习惯了。（泛化）

题目 14 那本书被小明读了。（泛化）

题目 15 妈妈被孩子每天都很忙。（泛化）

题目 17 这首歌被年轻人欢迎。（泛化）

题目 18 我是被父母决定来中国留学的。（泛化）

题目 3 他的词典被借了。（内部——少补语）

题目 4 一个杯子被小王打破了。（内部——主语错误）

题目 5 他被这件事很伤心。（内部——少动词）

题目 6 大树被风倒了。（内部——少动词）

题目 12 一个钱包被小李找到了。（内部——主语错误）

题目 16 他被坏人死了。（内部——少动词）

题目 20 不抽烟的人常常被抽的人为难。（内部——少动词）

参照表 3 - 7 可以看出，学生的打分情况有些与汉语语法的实际情况相符，有些则与汉语语法的实际情况不符。在五个语法正确的句子中，学生为题目 2、10、11、19 所打的分值与实际情况相符，其中题目 2、题目 11 的分值均达到 70 分，说明学生倾向于认为这两个句子完全正确；题目 10、题目 19 的分值不足 60 分，说明学生倾向于认为这两个句子可能正确，但不十分肯定；而题目 9 的打分情况则与上面四个题目完全不同，这个句子完全符合汉语语法，而学生所打分数只有 38 分，说明学生倾向于认为这个句子完全或可能不符合语法。对于正确的句子，学生的识别正确率为 80%，识别错误率为 20%。

在 8 个存在泛化偏误的句子中，学生为题目 1、7、8、13、14、15、17、18 所打的分值皆与汉语的实际情况相符，都低于 50 分。这说明在学习者看来，这八个句子都可能或完全不符合汉语语法。其中题目 1、13、15 的分值均低于 30 分，说明学生倾向于认为这几个句子完全不符合汉语语法；而题目 7、8、14、17、18 的分值均接近或高于 40 分，说明学生倾向于认为这几个句子可能不符合汉语语法，但不是很确定。对于存在泛化偏误的句子，学生的识别正确率为 100%。

在七个存在内部偏误的句子中，学生为题目 3、5 这两个句子所打的分值皆与汉语的实际情况相符，都低于 50 分；而题目 4、6、12、16、20 的分值均高于 50 分，与汉语的实际情况不符。其中题目 4、6 的分值接近或超过 70 分，这说明在学习者看来，这两个句子完全符合汉语语法；而题目 12、16、20 的分值接近，都在 55 分左右，说明学生倾向于认为这几个句子可能符合汉语语法，但不是很确定。对于存在内部偏误的句子，学生的识别正确率为 28.6%。

从总体上来看，问卷调查中学生对于"被"字句语法合宜度的判定准确率，要高于 HSK 动态作文语料库抽样语料中"被"字句的正确使用率。不过，对于不同类型的"被"字句，具体情况又略有不同。问卷调查结果显示，学生对于正确句子的识别正确率达到 80%，对于存在泛化偏误用例的识别正确率高达 100%，这说明高级阶段的日韩学习者对于"被"字句具有较好的语感；而在 HSK 动态作文语料库抽样语料中，却存在大量的泛化误例，这说明在句子输出时学习者的语感受到其他因素的影响。与此同时，问卷调查结果显示，学生对于存在内部偏误的句子识别正确率很低，这说明学生对于"被"字句结构形式的掌握还存在较大问题。在这点上，问卷调查的结果与 HSK 动态作文语料库中的考察发现是基本一致的。

五、"被"字句的偏误原因分析

我们认为，学习者中介语"被"字句化石化现象的成因或许有如下几个方面：

（一）韩日学习者母语的负迁移

被动意义是语言中的一种普遍语法意义，任何语言都有相应的表达形式来表达被动意义。但不同语言用以表达被动意义的表达形式之间往往不是完全对应的。有些被动意义，在一种语言中采用的是无标记形式，而另一种语言中采用的却是有标记形式。有些意义，在一种语言中可以使用被动句表达，而在另一种语言中却不一定能用被动句表达。如果学习者将自己母语的表达习惯用于目的语表达，就会出现母语的负迁移问题。

杉村博文（2003）将被动句分为"直接被动句"和"间接被动句"两类，认为汉语与日语使用被动句的语义动因不同。"汉语倾向于以客观世界的施受关系作为使用被动句的语义动因，因此直接被动句发达，间接被动句不发达。而日语则倾向于以说话人的主观感受作为使用被动句的语义动因，因此直接被动句不发达，间接被动句发达。"比如，日语可以说"我被他等/死了"这样的句子，而汉语不行。

柳英绿（2000）指出："韩国语被动句可以只出现属于被动主语 NP1 的 VP，不出现属于施动者 NP2 的 VP，但汉语被动句不能不出现属于 NP2 的 VP，否则就会变成不合法的句子。"这是两种语言被动句的最大区别之一。因此，学习者会因母语负迁移造出"灰尘被风起来了""树被雷断了"等类型的句子。

（二）教学大纲、教材和课堂教学处理方式的影响

首先，现行大纲对"被"字句的选取和编排情况不甚理想。《高等学校外国留学生汉语教学大纲（长期进修）》在初等阶段（一）中设置的"被"字句"钱包被（他）偷走了"属于本文所考察的句式 3 和句式 6；初等阶段（二）中设置的"被"字句"他被选为班长"属于本文所考察的句式 5；在中、高等阶段对于本文考察的其他几种"被"字句皆未设置相关项目。《对外汉语教学初级阶段教学大纲》（杨寄洲，1999）所列第 97 项语法项目"被动意义的表达（2）"中设置"被"字句，并指出其基本句式是"受事主语（名词1）＋被＋名词2＋动词＋补语"，相当于本文的句式 3，此外再无设置其他几种类型的"被"字句。

其次，常用教材对"被"字句的选取和编排不甚理想。杨寄洲主编的《汉语教程》（1999）在第 52 课中出现"被"字句，虽指出"被"字句的诸多使用条件，但没有区别"被"字句的不同下位句式。李晓琪主编的《新汉语教程》（1999）在第 27 课出现"被"字句，第 57 课总结三种被动句格式，但也没有区分"被"字句的下位句式。

最后，从教学方面来看，初级阶段"被"字句教学中吸收语法学界"被"字句的研究成果不是很多，教师往往参照大纲和教材设置情况，把不同类型的"被"字句笼统地介绍给学生。同时，在初级阶段将"被"字句所有句式一股脑儿呈现之后，很少在接下来的教学内容中专门针对"被"字句进行重现、强化和总结，学习者在"被"字句习得过程中接受的课堂输入量相对较小。课堂输入量小自然会加大语言输出的错误风险，出现化石化现象也就在所难免。韩日学生之所以用不好或者回避使用"被"字句，与这种教学状况有很大关系。

（三）对外汉语教学课堂输入数量有限或者有内容缺陷也是造成学习者产生化石化的重要因素

Gass & Selinker（2001）曾经指出："课堂学习可能会误导学习者得出不正确的结论，因为课堂输入本身往往很贫乏，而且有选择地强调某些形式。"（转引自文秋芳，2012）曾有不少学生反映："说明不好的事情时，要用'被'字句。"这可能是学生在课堂上听到老师多次强调而产生的深刻印象。事实上，汉语中"被"字句的使用，有时表达的是对说话人来说不好的事，具有消极意义；有时却并没有什么消极意义，甚至有时表达的还是积极意义，比如："他被公司派到上海去工作了，现在非常开心。"总之，"被"字句的使用，有时是表达上的需要，有时是上下文语境的需要，有时是结构上的需要。另外，课堂教学中针对某个语言结构的强化输入和强化训练都可能导致学生的中介语中过多出现该结构。这种中介语中产生的"泛化"现象，也是导致"被"字句习得过程中出现化石化的原因之一。

六、教学对策

针对学习者在"被"字句习得过程中出现的化石化现象，本书提出如下教学建议：

（一）"被"字句教学应分层次、分阶段进行

吕文华（1987、2002）提出，"语法项目选择和编排的一个主要依据就是是否反映了汉语语法的特点和是否针对外国人学习汉语的难点"，要"循着语法自身的难易差异，按照结构、语义、用法区分难易度"。周小兵（2004）提出，对外汉语语法项目的选取必须考虑使用频率、交际需求，体现汉语总体特征、学习难度。语法项目的排序要遵循以下原则：①由易到难；②从交际出发；③参照使用频率；④相关语法点组成列；⑤复杂语法点分阶段教学。从 HSK 动态作文语料库的考察结果来看，"被"字句不同句式的使用频率存在较大的差异，学习者对不同句式的习得情况也不同，在使用中出现了大量不该用被动句而用"被"字句的情况，"被"字句的偏误类型也多种多样。这种结果当与目前教材和教学中对"被"字句处理缺乏层次性有关。参照"被"字句各句式的习得情况，我们建议将"被"字句教学分为两个阶段。

第一阶段教授习得情况最好的三种句式，即句式 1、句式 3、句式 4。具体顺序为：先进行句式 1 的教学，然后进行句式 4 的教学，之后进行句式 3 的教学。这是因为句式 1 是最典型的"被"字句,结构形式简单;句式 4 是在句式 1 省略"被"后宾语形成的,教授起来也比较容易;至于句式 3,因为"被"字句表达的语义是主语遭受某种结果,所以在动词后加补语也相对好理解,不过应安排在相关补语教学之后进行。

第二阶段教授习得难度较大的三种句式,句式 2、句式 5 和句式 6。具体顺序为:先教句式 6,因为句式 6 是在句式 3 省略"被"后宾语形成的;然后教句式 2,尤其应重点展示"被"字句动词后宾语的类型和限制条件;最后教句式 5。总之,我们建议在教材中先呈现结构完整的"被"字句,之后呈现省略了施事的"被"字句;同时,两类"被"字句的教学内容之间设置一定的时间间隔。教学中参照教材的设置情况,在不同阶段针对某类"被"字句进行有针对性的强化训练,等学生完全掌握、习得之后,再引入另外的句式。

(二)应强化"被"字句结构形式教学

HSK 动态作文语料库抽样语料中,存在内部偏误的"被"字句所占比例较高,"被"字句使用中存在缺少动词、动词后少其他成分、语序错误等问题;同时在问卷调查中,学生对于存在内部偏误的句子识别正确率很低,这都说明学生对于"被"字句结构形式的掌握还存在一定问题。因此,我们建议,在"被"字句的教学中不断强化"被"字句结构形式的巩固训练,以帮助学习者准确而牢固地掌握该句式结构框架。

(三)在教学设计中充分考虑学生的母语背景,提高"被"字句教学的针对性

汉语与韩日两种语言属于不同语系的语言,三种语言的被动句在组成方式及结构特点方面存在很大差别。正如杉村博文(2003)所说:"虽然学会了外语的编码形式,但运用那些方式的思路仍然是母语的思路——换汤不换药,这是外语学习的常态。"本研究抽样语料中大量偏误用例的存在表明,韩日学生在学习汉语的被动句时,很可能受母语影响,直接按其母语字面上的被动形式而对译汉语。教师了解韩日汉语学习者"被"字句习得中存在的问题,就可以做到未雨绸缪,在教学中有目的、有针对性地加强相关句式的教学,提高教学效率。比如针对日本学生的教学中可以指出,与日语不同的是,汉语中部分表达心理感受的心理动词可以进入"被"字句(比如"感动");而日语中"死ぬ(死)、来る(来)、降る(下)"等部分自动词虽可构成间接被动句,但汉语不允许。

第四章

韩日背景高级汉语学习者
"比"字句的习得

现代汉语中比较句是较常使用的一种句式，其中的"比"字句是最为典型的比较句，也是使用频率最高的比较句。[①]"比"字句是指由"比"字短语充当状语的一种比较句，一般记为"X 比 YW"，其中"X、Y"是比较项，"W"是结论项，是比较性质程度的差别高低的一种句式。在对外汉语教学中，"比"字句也是一个重要的语法点，有关"比"字句的习得研究的研究成果很多，有从语言对比分析角度进行的研究（柳英绿，2002；靳卫卫，1986；郑湖静，2004，等等），有从偏误分析和习得角度进行的研究（陈珺、周小兵，2005；王茂林，2005；徐菁玉，2009，等等）。这些研究为进一步的研究提供了借鉴。但现有的研究存在的问题是："比"字句的下位句式的选取存在差异，偏误分析多、习得研究少，等等。

本书拟在借鉴前人成果的基础上，基于大规模语料库对高级阶段韩日学习者"比"字句习得情况进行考察，以期发现他们在"比"字句习得中存在的规律，从而为对韩日汉语教学提供借鉴。

一、"比"字句的分类

我们考察了几本对外汉语教学的大纲，发现对"比"字句各种句式的选取和安排存在很大的差异。我们选择的大纲有《对外汉语教学语法大纲》《汉语水平等级标准与语法教学大纲》《对外汉语教学初级阶段教学大纲》《高等学校外国留学生汉语教学大纲（长期进修）》《高等学校外国留学生汉语言专业教学大纲》，以下分别简称《语法》《等级》《初级》《进修》《专业》。各大纲中出现的句式一共有 14 种，具体如下：

（1）A 比 B + 形容词：他比我高。

（2）A 比 B + 心理动词/能愿动词 + 宾语（名词或动词）：他比我喜欢你。/他比我能吃。

（3）A 比 B + 动词 + 程度补语：他比我跑得快。/他跑得比我快。

（4）A 比 B + 动 + 宾 + 动 + 程度补语：他比我唱歌唱得好。/他唱歌比我唱得好。

（5）A 比 B + 形容词 + 精确数量补语：他比我高三厘米。

---

① 根据邢红兵、张旺熹的《现代汉语语法项目的标注及统计研究》中的数据，"比"字句的出现频率是 1 174.23，远高于比较句其他类的 202.12、202、12 和 9.62（单位是百万分之）。

（6）A 比 B + 形容词 + 模糊数量补语（一些、得多、多了、很多）：他比我高一点儿。

（7）A 比 B + 提高类动词 + 数量宾语：今年的产量比去年提高了一倍。

（8）A 比 B + 多/少/早/晚 + 动词 + 数量补语：他比我早来三分钟。

（9）A 比 B 更/还/再 + 形容词/动词：她妹妹比她更漂亮。

（10）没有比……更……的：没有比他更狡猾的了。

（11）不比：他不比你能干。

（12）主语 + 一量词 + 比 + 一量词 + 形容词/动词：这里的天气一天比一天热。

（13）A 没有 B 这么/那么……：他没有你这么高。

（14）A 比 B 还 B（名词）：你真是比诸葛亮还诸葛亮。

以上各句式在各个大纲中的分布详见表 4－1。

表 4－1　各大纲中"比"字句语法项目的选择及排列情况

等级 大纲	初级一	初级二	中级	高级
《语法》	1、2、3、4、5、6、7、8、9、11、12、13			
《等级》	甲：1、3、11、13	乙：12	丙：3[①]、8、9、10	丁：14
《初级》	1、2、6、7、8、9、13			
《进修》	初一：1、5、6、13	初二：3、8、12	中：10、11	高：14
《专业》	一年级：1、3、5、6、9、13		二年级：8	

从表 4－1 可以看出，各个大纲对"比"字句语法项目的选取和排序存在较大差异；从语法的项目选取方面来看，五个大纲中都出现的语法项目是 1、8 和 13；从语法项目的排序来看，《语法》只是罗列语法项目，并未排序，其他大纲的排序也很不相同。

除了语法大纲，许多学者在研究中也对"比"字句进行了分类。吕文华（1999）按形式的由简及繁、语义的由浅及深对"比"字句进行了不同等级的层次切分，将"比"字句分为十个等级。陈珺、周小兵（2005）对比较句做了分类，其中将"比"字句分为 13 类：①A 比 B + 形容词；②A 比 B + 心

---

① 复杂形式。

理动词/能愿动词＋宾语；③A 比 B＋动词＋程度补语；④A 比 B＋动宾＋动＋程度补语；⑤A 比 B＋形容词＋精确数量补语；⑥A 比 B＋形容词＋模糊数量补语；⑦A 比 B＋提高类动词＋数量宾语；⑧A 比 B＋多/少/早/晚＋动词＋数量补语；⑨A 比 B＋更（还、再）＋形容词/动词；⑩没有比……更……的；⑪"不比"句；⑫一＋量词＋比＋一＋量词……；⑬没有……这么/那么……。

王茂林（2005）也对"比"字句做过分类，将"比"字句分为 14 类：①A 比 B＋形容词；②A 比 B＋心理动词/能愿动词＋宾语；③A 比 B＋形容词＋精确数量补语；④A 比 B＋提高类动词＋数量宾语（精确数量部分）；⑤A 比 B＋动词＋程度补语；⑥A 比 B＋动宾＋动＋程度补语；⑦A 比 B＋形容词＋模糊数量补语（一些、得多、多了、很多）；⑧A 比 B＋提高类动词＋数量宾语（模糊数量部分）；⑨A 比 B＋多、少、早、晚＋动词＋数量补语；⑩比不上＋形容词；⑪A 比 B＋更（还、再）＋形容词；⑫一＋量词＋比＋一＋量词；⑬没有比……更……的；⑭"不比"句。

学者们对"比"字句的分类基本上大同小异，只是在个别句式的选取上存在一定不同。如王文的句式 10 是"比不上＋形容词"，我们认为这类句式不是"比"字句，因为其中的"比"是动词，而不是介词，因此本书不将其列入考查范围。另外，我们在语料库中还发现有一种"比"字句式，前面的文章都没有提到，即"X 比任何/什么/谁＋都＋形容词/动词"，这类句式在本书的研究范围内。参照相关著作，结合前面三位学者的分类，再根据语料库中出现的情况，本书将"比"字句分为 12 种句式，具体分类如下：

句式一：X 比 Y＋形容词

句式二：X 比 Y＋动词（心理动词/能愿动词/有）＋宾语（名词或动词）

句式三：X 比 Y＋动词＋补语

句式四：X 比 Y＋形容词＋数量补语（包括精确和模糊）

句式五：X 比 Y＋提高类动词（＋数量宾语）

句式六：X 比 Y＋早/晚/多/少/先/后/难/容易（易/好）＋动词＋数量补语

句式七：X 比 Y＋更/还/再/要/还要＋形容词/动词＋（数量短语）

句式八：一＋量词＋比＋一＋量词＋动词/形容词

句式九："不比"句

句式十：X 比任何/什么/谁 + 都 + 形容词/动词

句式十一：X 没有 Y（这么/那么）……

句式十二：没有……比……更/还/还要……

二、HSK 动态作文语料库中"比"字句的习得情况

（一）"比"字句的整体表现分析

依靠语感和语法知识，我们将取样的所有作文中的"比"字句进行了标注。本书在前人研究的基础上，根据语料库中"比"字句使用的情况，将"比"字句标注为正确、内部偏误、遗漏和泛化四大类。

我们把语境要求使用"比"字句而没使用"比"字句的句子标注为"遗漏"。因为语料中没有发现此种用例，所以在此不列例句。

我们把语境要求使用"比"字句、也使用了"比"字句，但存在错误的句子，标注为"内部偏误"。

我们对标注结果进行了统计，结果发现共有 265 个用例，其中正确的用例有 225 个，错误的有 40 个，正确率为 84.9%；在使用错误的"比"字句中有 36 个内部偏误用例，占偏误用例的 90%，占所有用例的 13.6%；4 个泛化用例，占偏误用例的 10%，占所有用例的 1.5%；没有遗漏用例。详见表 4 - 2。

表 4 - 2　韩日学习者"比"字句的整体使用情况

类型	数量	所占比例
正确	225	84.9%
内部偏误	36	13.6%
泛化	4	1.5%
遗漏	0	0
总计	265	100%

从表 4 - 2 可以看出，韩日留学生基本掌握了"比"字句的用法，基本上知道"比"字句的使用条件，但在具体使用中存在较多问题。

"比"字句的正确用例共有 225 个，例如：

例 1　维持生命比维持健康重要。

例 2　商店比市场近得多。

例 3　但饿肚子的问题比它还要重要。

"比"字句的泛化偏误共有五个用例，例如：

例4　这个时候喝水量比原来的二倍。

例5　但对世界上的饥饿问题来说，在世界上有的国家的农作物的产量比自己国家的需要。

例6　虽然它的生产比相对使用化肥和农药的农作物比低。

例7　因为自己没有比歌手那么好的歌唱能力，又没有比他跳得好。

例4应改为"是"字句；例5使用了"比"，"比"是动词，根据上下文应改为"但对世界上的饥饿问题来说，在世界上有的国家的农作物的产量超过自己国家的需要"；例6一个句子中出现了两个"比"，我们认为学生可能想使用"跟……相比"句型，但是对此句型的把握出现了偏差，可以修改为"虽然它的生产跟使用化肥和农药的农作物相比低"；例7多用了两个"比"字，根据上下文，应改为"因为自己没有歌手那么好的歌唱能力，又没有他跳得好"。

（二）"比"字句的偏误分析

由于"比"字句的内部偏误最多，因此本书将重点介绍此类偏误。此类偏误共有36例，主要表现在三个方面：结论项错误、语序错误、少主语。

1. 结论项错误

"比"字句主要由三部分组成：比较主体、比较客体和结论项。结论项是"比"字句的重点，"比"字句的语义要通过它表现出来，否则这句话就没有意义。由于"比"字句表示的是两者之间的程度差异，因此对结论项有着严格的要求，并不是所有的词都可以充当"比"字句的结论项，只有那些能体现程度差异的词才能充当。正因为这些严格的要求，所以留学生在使用"比"字句时在结论项上会出现这样那样的偏误。另外，"比"字句的结论项一般不能以小句的形式出现，也不能是以关联词语连接的并列或递进关系的形容词或动词性短语出现。

内部偏误中这类偏误最多，例如：

例8　他们比我们经验多，所以比我们想得也很深，所以总给我们帮助，不可能让我们吃亏的。

例9　其实，有的人抽烟的时候，对抽烟者周围的人比抽烟者身体上产生更坏的结果。

例10　价格是比普通的蔬菜贵得大约百分之二十。

例 11　从青少年吸烟的人比从成年人吸烟的人死亡率超过两倍。

例 12　但是，青少年的时候，歌手比他们的歌曲更喜欢。

例 13　西北地区比沿海地区落后得很。

例 8 状语"很"错误，可以修改为"更"；例 9 语序错误，可以修改为"对抽烟者周围的人比对抽烟者身体上产生的结果更坏"；例 10 补语错误，多"得"；例 11 结论项错误，可以修改为"高两倍"；例 12 结论项不完整，可以修改为"更让人喜欢"；例 13 补语错误，可以修改为"落后得多"。

2. 语序错误

此类偏误是整个"比"字句的语序存在问题，例如：

例 14　三十年以上抽一天一盒以上的吸烟者更容易得严重的病比不抽的人。

例 15　你们来到这里以前，我每天亲自去山下抬水，所以比我来晚的你们辛苦得多。

例 14 中"比"和比较项"不抽的人"应在结论项"更容易得严重的病"前，正确的应为"三十年以上一天抽一盒以上的吸烟者比不抽的人更容易得严重的病"；例 15 根据上下文，比较项"我"应在"比"前。

3. 少主语

"比"字句中少主语，也就是说少比较主体，给句子添加一个主语句子就正确了。这类偏误有五句，例如：

例 16　从身体健康的角度来看的话，比使用化肥和农药生产的农产品有很大的优点。

例 17　随着人们生活水平的提高，对农作物的要求也比以前高多了。

例 18　可两个人都清楚知道双方都一起合作才可以做好事，所以比一个人做事难一些。

在所有偏误中，内部偏误的数量最多，具体情况下文将结合各句式类型一一分析。现从整体上总结一下，内部偏误的情况见表 4 - 3：

表 4 - 3　韩日学习者"比"字句的内部偏误情况

内部偏误类型	用例数量	所占比例
结论项错误	25	69.4%
语序	6	16.7%
少主语	5	13.9%
总计	36	100%

由表4-3可以看出，韩日留学生"比"字句中结论项错误最多，这类错误主要是状语错误、补语错误；其次是语序错误、缺少主语；没有遗漏用例，泛化用例也极少。因此，我们在偏误原因的分析中将重点分析偏误率高的。

（三）韩日学习者"比"字句不同等级的习得情况

我们从学习者的水平角度，对A、B、C三级学习者的"比"字句的总体使用情况进行了统计分析，结果发现：

（1）A、B、C三级"比"字句的使用频率①分别为0.03、0.05、0.06，A级的使用频率最低，B、C级的使用频率都高于A级。

（2）A、B、C三级"比"字句的正确率分别为80%、88.7%、80.9%。统计分析发现，正确率最高的是B级，其次是A级、C级。这个结果跟我们的预判——"等级越高，正确率越高"不一致。我们注意到，A级学习者作文中只出现了五例，"比"字句使用率低可能是造成上述现象的原因。因此，不能由此得出A级学习者正确率低，因而对"比"字句的习得不如B、C级好的结论。详见表4-4。

表4-4　韩日学习者"比"字句不同等级的习得情况

类型	A级 （16 839字）	B级 （243 434字）	C级 （223 136字）	总计 （483 049）
正确	4	110	110	224
内部偏误	1	10	25	36
泛化	0	4	1	5
遗漏	0	0	0	0
总计	5	124	136	265
使用频率②	0.03	0.05	0.06	0.05
正确率	80%	88.7%	80.9%	84.5%

（四）韩日学习者"比"字句下位句式的总体习得情况

本书前面谈到，根据前人的研究和语料库中韩日留学生对"比"字句的

---

① 使用频率＝使用总数/作文总字数×10 000（A、B、C三级的总字数分别为16 839字、243 434字、223 136字），单位为万分之。

② 使用频率＝总计/各级作文的总字数×10 000，单位为万分之。下同，以后的句式不再做说明。

使用情况，我们将"比"字句分成 12 种类型。为了更好地考察韩日留学生"比"字句的使用情况，我们统计了留学生对这 12 种类型"比"字句的使用频率和正确使用相对频率。

在"HSK 动态作文语料库"中，我们共发现与"比"字句相关的语料 265 例，其中泛化偏误四例，由于泛化偏误无法进行句式分类，因此这四例语料不在本节考察范围之内，还剩 261 例，我们对这 261 例进行了句式分类。在分类时，我们对一些偏误句，如"我比他很高"，是按照改正后的句子将其归类为句式七，而不是只从形式上进行判断，而将其归入句式一。另外，如果结论项中有"还、更、还要、要"等副词，都归为句式七。下面我们对每一句式分别进行分析。

句式一是"比"字句的基本句式，韩日留学生的使用率也比较高，共出现 36 个用例，其中 32 个正确，四个偏误。偏误主要是在结论项上，或者少结论项，或者比较项出现在结论项里，或者结论项出现了"不"。正确的用例如："维持生命比维持健康重要。"结论项错误的如："有些研究表明被动吸烟比主动吸烟危害，所以谁也不应该让人被动吸烟。"此例缺少结论项，应改为："有些研究表明，被动吸烟比主动吸烟危害大。"

句式二出现三个用例，动词均为"有"，未出现心理动词和能愿动词用例。其中一例使用正确，二例为内部偏误。偏误主要出现在结论项，如："不过最近经常提出代沟问题的原因是现在的年轻人比过去的年轻人有多发言的权力。"应改为："不过最近经常提出代沟问题的原因是现在的年轻人比过去的年轻人有发言权。"在此类句式中，"A 比 B 有 + N"就包含"A 的 N 比 B 多"的意思，因此句中不应再有"多"。如果程度更高，可在"多"前加"更"。根据上下文，我们认为此例应去掉"多"。

句式三出现七例，全部正确。其中五个是简单式，两个是复杂式，复杂式如："我们来这里来得比你晚是对的，但是，你呢，比我们喝水喝得更多吧。"可见，学生更倾向于使用简单式。

句式四是使用频率很高的句式，共有 75 个用例，其中 66 个正确，九个偏误。此类句式包括准确数量和模糊数量。偏误用例中有七个是模糊数量，错误主要发生在句型"A 比 B + Adj 得多"上，如："我是个大学生，还有我觉得我的文化水平比他的高得高""价格是比普通的蔬菜贵得大约百分之二十"。上述偏误表现出学生尚未准确把握句型"A 比 B + Adj 得多"的结构，从而使用时出现了偏差。

句式五只出现了一个正确用例，如"现在消费者对农作物的要求比过去提高了很多"。

句式六共出现九个用例，八个正确用例，一个内部偏误。错误用例为："高中毕业毕竟是高中毕业，比我晚点入了公司的人的工资常常比我高。"结论项中"晚"后应直接跟动词，此例可以修改为："高中毕业毕竟是高中毕业，比我晚入公司的人的工资常常比我高。"

句式七共出现 115 例，98 个正确，17 个内部偏误，占全部内部偏误的将近一半。分析发现，句式七的错误主要出现在结论项上，表现一为形容词前的状语错误，比如使用了"很、比较、还会、太"。表现二为结论项包括了比较项，例如："众所周知，间接吸烟者比直接吸烟者受到更多的不好影响。"文中比较的是间接吸烟者和直接吸烟者受到的不好影响的大小，因此正确的说法应是："众所周知，间接吸烟者受到的不好影响比直接吸烟者更多。"表现三为结论项中缺少某些成分，例如："在商店买多方便，而且商店里的东西比市场还新鲜多呢？"此例中"新鲜"后少"得"。其他的偏误还有缺少主语、语序错误等。总之，此句式是"比"字句中使用最多的句式，错误率也比较高，应该引起教学上的重视。

句式八出现了五个用例，且全部使用正确，其中一例为"一年比一年 + V"，其他四例均为"一天比一天 + Adj/V"。

句式九出现一个用例，即："他说他的农场决不许用化肥和农药，可是那里的植物都比在市场卖的不差且很新鲜。"在"比"字句中，"不"应位于"比"的前面，上例的"不"出现在结论项中的形容词前面，因此属于语序错误。另外，"不比"句式的语义很多学者讨论过，如刘月华（2001）、相原茂（1992）、徐燕青（1996）等，各家的观点也存在不一致的地方。我们认为"A 不比 B + Adj"意为"A 跟 B 差不多"或者"A 没有 B + Adj"。具体是哪种意思，需要根据上下文或实际情况而定。关于"不比"的语义功能，我们采用吴福祥（2004）的观点，即是一种反预期的结构式，主要有三种反预期类型：一是与受话人的预期相反；二是与说话者自己的预期相反；三是与特定言语社会共享的预期相反。上例中根据特定言语社会共享的预期，市场上卖的植物多为使用化肥和农药的，所以卖相应该很好，不施用化肥和农药的植物卖相不好，而"他那里的植物"与预期相反，所以应用"不比"句，即："他说他的农场决不许用化肥和农药，可是那里的植物都不比在市场卖的差且很新鲜。"

句式十共出现两例，分别为"这次对你感谢的深度比哪一年还高""人的性命是比什么东西更重要的"。两例均为内部偏误用例，都是形式上用错，都将"都"用成了"更/还"。由此来看，留学生对这种句式的语义和语用都很了解，只是在使用时形式上出现了问题，可能与这种句式的形式要求比较严格有关。另外，很多教材和大纲没有将这种句式纳入，如果教师讲解或者练习不到位，学生很容易出现偏误。

句式十一共出现五个正确用例，其中两个是"A 没有 B + Adj"，三个是"A 没有 B 那么……"，这是"比"字句的否定形式。前面我们谈泛化用例时提到过"因为自己没有比歌手那么好的歌唱能力，又没有比他跳得好"，句子中既有"没有"，也有"比"，根据我们的教学经验，学生很可能试图使用"比"字句的否定式，只是对句式的掌握不准确，从而出现了上述病句。

句式十二出现一个正确用例，即："我们应该努力去保护身体。但是我们要记住没有东西是比生命还要重要的。"此类句式使用频率非常低。

为了更直观、清楚地显示各句式类型的习得情况，列表统计，见表 4-5。

表 4-5 韩日学习者"比"字句各句式的使用情况①

句式	正确	错误	总计	正确率	使用频率	正确使用相对频率
一：X 比 Y + 形容词	32	4	36	88.9%	7.44	12.3%
二：X 比 Y + 动词（心理动词/能愿动词/有）+ 宾语（名词或动词）	1	2	3	33.3%	0.62	0.4%
三：X 比 Y + 动词 + 补语	7	0	7	100%	1.44	2.6%
四：X 比 Y + 形容词 + 数量补语（包括精确和模糊）	66	9	75	88%	15.5	25.3%
五：X 比 Y + 提高类动词（+ 数量宾语）	1	0	1	100%	0.21	0.4%

① 使用频率 = 总计/总字数（483 409）×10 000，单位为万分之；正确使用相对频率 = 正确/261×100，单位为百分之。

续表

句式	正确	错误	总计	正确率	使用频率	正确使用相对频率
六：X 比 Y + 早/晚/多/少/先/后/难/容易（易/好）+ 动词 + 数量补语	8	1	9	88.9%	1.86	3.0%
七 X 比 Y + 更/还/要/还要 + 形容词/动词	99	17	116	85.3%	23.9	37.9%
八：一 + 量词 + 比 + 一 + 量词 + 动词/形容词	5	0	5	100%	1.03	1.9%
九："不比"句	0	1	1	0	0.21	0
十 X 比任何/什么/谁 + 都 + 形容词/动词	0	2	2	0	0.42	0
十一：X 没有 Y（这么/那么）……	5	0	5	100%	1.03	1.9%
十二：没有 …… 比 …… 更/还/还要……	1	0	1	100%	0.21	0.4%
总计	225	36	261	86.2%	5.4	84.9%

从表 4 - 5 可以看出，韩日学生全部使用了 12 种句式，使用频率由高到低分别是句式七、句式四、句式一、句式六、句式三、句式八（句式十一）、句式二、句式十、句式五（句式九、句式十二），使用频率分别是（单位是万分之）23.9、15.5、7.44、1.86、1.44、1.03、0.62、0.42、0.21。排在前三位的依次是句式七、句式四、句式一，其使用频率远高于其他句式；其次是句式六、句式三；排在后几位的是句式二、句式十、句式五（句式九、句式十二）。这与以往的研究（陈珺、周小兵，2005）一致，因此，韩日学生的"比"字句中句式七、句式四、句式一是常用句式，这也跟母语者的使用习惯一致。[①] 在以往的研究（陈珺、周小兵，2005）中发现，留学生使用"比"字句的频率远远高于母语使用者。

施家炜（1998）指出："在语料库出现的语料中，句式的正确使用频次或

---

① 姜桂荣. 基于"HSK 动态语料库"的"比"字句的习得研究［D］. 北京：北京语言大学，2009.

正确使用相对频率越高，就越容易，越早习得。方法是：各句式在各学时等级上的正确使用相对频率＝各句式在各学时等级上的正确使用频次/某学时等级上句式的出现频次之和。"据此，我们对韩日留学生"比"字句各句式的正确使用相对频率进行了统计，具体数值详见表4-5。12种句式的正确使用相对频率由高到低是句式七、句式四、句式一、句式六、句式三、句式八（句式十一）、句式二（句式五、句式十二）、句式九（句式十）。

通过比较发现，12种句式中的句式七、句式四、句式一、句式六、句式三、句式八（句式十一）、句式二在使用频率和正确使用相对频率上保持高度一致。句式五和句式十二使用频率非常低，只有一个用例，而且是全对，仅从本语料来看算作容易习得的一类；但结合他人研究（姜桂荣，2009；陈珺，2005；王茂林，2005），它们并不容易习得。句式九、句式十的使用频率也非常低，只有一个或两个用例，而且是全错，可以算作较难习得的一类。因此，我们可以推断出12种句式的大致习得顺序：句式七、句式四、句式一、句式六、句式三、句式八（句式十一）、句式二（句式五、句式十二）、句式九、句式十。

（五）综合分析

基于上述考察结果，我们对于韩日留学生"比"字句习得情况形成了如下认识。

一是"比"字句的整体习得比较理想，但是某些句式出现了化石化现象。一般来说，随着学习时间的增长和有效输入的增多，学习者对某一语法项目的习得会越来越好，甚至完全习得，初中级教学阶段学习的内容到高级阶段应该较少出现或者不出现偏误。韩日学习者所有"比"字句的使用正确率是86.2%，而句式九、句式十和句式二的正确率在80%以下，因此，我们认定韩日学习者"比"字句的这三个句式出现了化石化倾向。

二是高级阶段韩日背景的汉语学习者"比"字句的句法结构还存在一定问题。语料分析发现，"比"字句的40个偏误中36句存在句法问题，占偏误总数的90%。这表明学习者知晓了"比"字句的使用条件，但对"比"字句的句法形式和句法要求掌握不足，没有建立起"比"字句的结构框架和范式。

三是参照"比"字句的使用频率和正确使用相对频率，我们认为"比"字句12种句式的大致习得顺序：句式七、句式四、句式一、句式六、句式三、句式八（句式十一）、句式二（句式五、句式十二）、句式九、句式十。

四是我们发现语料中"比"字句的结论项为动词性短语的数量非常少，在261例"比"字句中，仅有36例的结论项为动词性短语，占所有用例的13.8%，其他用例均为形容词性短语。这个发现跟尚平（2014）一致。她认为学习者在"比"字句上使用的不平衡性是中介语特有的，与母语者的使用情况不一致。她还指出，造成此现象的原因是教学因素和"比"字句本身的语言复杂性。

三、"比"字句问卷调查及访谈

为了进一步了解韩日学习者"比"字句的习得情况，我们对他们进行了问卷调查和访谈。

（一）测试问卷设计

调查以书面调查问卷的形式进行，试题形式为用指定的词语改写句子，此意在考察留学生对"比"字句用法的掌握。在设计调查问卷时以前文提到的句类为主，同时根据语料调查的情况进行了调整，共设计了九个问题作为调查内容。该调查在课下进行，不限定时间。具体的调查问卷详见书末附录。

（二）调查对象

我们随机选取了HSK 5级以上的韩日留学生作为测试对象，参加调查的对象都是全日制在校生，都在学校接受正规的汉语教育，背景非常整齐。本调查时间为2016年6月和12月，参与调查的学生共计19名。

（三）调查结果及分析

我们将问卷调查结果进行统计，整理出韩日留学生习得"比"字句的正确和错误使用情况，列表如表4-6所示。

表4-6　韩日留学生"比"字句正确使用情况

题目	正确	错误	正确率
1. A 比 B + 早 + V + 数量	10	9	52.6%
2. A 比 B 更 + 形容词	19	0	100%
3. A 没有 B + 形容词	17	2	89.5%
4. A 比 B + 形容词	18	1	94.7%
5. A 比 B + 形容词 + 一点儿	19	0	100%
6. A 比 B + 形容词 + 数量	17	2	89.5%

续表

题目	正确	错误	正确率
7. A 比 B + 形容词 + 得多/多了	15	4	78.9%
8. A 没有 B + V 得 + 形容词	16	3	84.2%
9. A 没有 B + V 得 + 那么 + 形容词	15	4	78.9%

从表 4 – 6 看出，正确率比较高的句式是"A 比 B 更 + 形容词""A 比 B + 形容词 + 一点儿""A + B + 形容词""A 没有 B + 形容词""A 比 B + 形容词 + 数量""A 没有 B + V 得 + 形容词"，而"A 比 B + 形容词 + 得多/多了""A 没有 B + V 得 + 那么 + 形容词""A 比 B + 早 + V + 数量"句式的正确率都在 80% 以下。分析发现，错误主要是否定时同时使用"没有"和"比"、"那么"的语序错误、"得多"和"多了"混用错误，以及多"的"和少"的"错误。"那么"的语序错误、"的"的问题是问卷调查发现的新问题，语料研究中未发现此类问题。另外，我们发现第一个题目中只有一人使用了句式"A 比 B + 早 + V + 数量"。

随后我们对部分学生进行了访谈，问及错误率最高的句式"A 比 B + 早 + V + 数量"为什么做错时，他们回答没学过这个句式。关于错误率较高的第 7、9 题，学生的回答是学过这个语法，但是忘了怎么用，也就是说知道该用这个句式，但是对句式的语法形式没有完全掌握，从而导致了错误。

四、"比"字句的偏误原因分析

近年来，关于中介语偏误产生的原因，学界多从语言迁移、目的语规则泛化、教学、学习策略、交际策略等方面分析。本书针对本研究中提到的典型偏误，逐一寻找产生偏误的可能原因。

典型偏误一：A 比 B + 程度副词 + Adj。在汉语"比"字句中，形容词谓语前边只能用"更""还"等相对程度副词，不能用"很""真""太""好""非常"等绝对程度副词，而在韩语、日语比较句中没有这样的限制。韩语"보다"句中表达比较项的差异时，可以用"매우, 상당히, 아주, 굉장히"等相当于汉语的"很、十分、太、非常"的绝对程度副词。而日语[①]没有像

---

① 靳卫卫. 汉日语中比较句的异同 [J]. 语言教学与研究，1986 (2).

汉语这样的补充说明成分（补语），它在说明所比较事物性状的程度差别时，一般是用"程度副词＋形容词"的形式。这是母语的负迁移造成的错误。另外，除了母语的负迁移以外，汉语语法规则的过度泛化也是造成此类偏误的原因之一。因为在汉语语法中，在形容词谓语前加"很"等程度副词是非常普遍的现象，学生习得这个语法后，就会把它作为一种规律或者知识在大脑里储存起来，一旦有了机会就会加以运用，于是就造成了上面所提到的偏误句。

典型偏误二：A 比 B ＋ 不 ＋ Adj。在汉语"比"字句中，如果有"不"，"不"应放在"比"前，而韩语中差比句的否定句中仍然是以"보다"作为比较标记，然后跟一般的否定形式一样，否定谓词性的成分来表达否定意义。日语中表示比较意义的句子，其否定形式是在句末加否定助动词来否定句末的动词或形容词。由此可见，否定词的语序上的差异就是韩国、日本学生容易造成偏误的原因，这些偏误也是母语的负迁移造成的。

典型偏误三：A 比 B ＋ Adj ＋ 得多。此类句式中"得多"是固定搭配，不能随意变换。学生在使用中并没有意识到这一点，或者把"多"换成其他形容词，或者换成数量短语。我们推测学生已经意识到表达程度差异大时需要使用此种句式，但是对句式结构的把握不准不牢，才导致上述偏误。教学中训练不到位、训练量少、没有使学生形成构式，可能是此偏误产生的主要原因。

此外，研究发现，"比"字句的结论项为动词性短语的用例少，这既与现行教材有关，又与这类句式本身有关。仍以《汉语教程》为例，在我们考察的 12 种句式中，有些句式如"X 比 Y ＋ 提高类动词（＋数量宾语）"没有作为语法点出现，而结论项是动词性短语的句式虽然在第二册（上）作为语法点出现了，但是教材并未说明哪些动词可以进入这个句式，使用时有哪些条件限制，而这个句式对动词及其前后的形式是有要求的，而且情况相当复杂。比如进入"比"字句的动词"有"后的宾语多为抽象名词，能愿动词"能""会"等可以充当"比"字句的结论项部分，等等。课文中出现的动词是心理类动词，没有能愿动词和"有"的用例。如果授课教师没有此类语言知识，不对此类语言知识进行相应补充，那么课堂上学习者获得的语言知识就不全面不完整，自然使用时就会存在不用或误用的情况。

五、教学对策

针对学习者中介语"比"字句的使用偏误现象，我们提出如下教学建议。

一是教材语法项目的选择和编排要科学有序。教材是教学内容的主要载体，直接关系着课堂教学的质量，因此，哪些语法项目应该进入教材以及以什么样的顺序和间隔进入，成为至关重要的问题。学界已经注意到这个问题并且做了大量具体的研究，但是这些研究成果尚未落实到实践中。以初级阶段的教材《汉语教程》为例，第二册（上）第一课就出现了九种句式：①A 比 B＋形容词；②A 比 B＋形容词＋数量补语；③A 比 B＋形容词＋得多/多了/一点儿/一些；④A 比 B＋更＋形容词；⑤A 比 B＋动词＋宾语；⑥A 比 B＋动词＋得＋程度补语（A＋动词＋得＋比 B＋程度补语）；⑦A 没有 B＋（这么/那么）形容词；⑧A 不比 B＋形容词；⑨A 比 B＋晚＋动词＋数量补语。（课后练习）

从本研究结果来看，对学习者来说，上述句式的难度和习得顺序存在差异，不宜把它们放在同一个学习阶段来学习，不符合循序渐进的教学原则。同时，将这么多的句式集中到一课中学习，难免使学生负担过重，教学效果并不会好。另外，研究中发现"不比"句式的使用频率很低，且正确率也低，因此，此句式也不宜出现在初级阶段的教学中。陈珺、周小兵（2005）在考察了各句式的习得顺序后指出，这些句式"应分散在不同级别、不同课时来教。各句式应形成一个认知难度、形式难度逐级递增的序列，在适当地方拉开距离，插入相关语法点"。本书赞成该文的观点，我们认为教材中"比"字句的安排可大致为：初级阶段安排句式七、句式四、句式一、句式六、句式三、句式八、句式十一；中级阶段安排句式二、句式五、句式十二、句式九、句式十。

二是课堂教学中应加强汉外对比，强化难点教学。研究发现，母语的负迁移是导致偏误产生的主要原因之一，因此，教学中要加强汉韩、汉日对比，让学生了解母语和汉语中的不同，尽量减少母语的负迁移，使学生更快地习得目的语的正确形式，提高教学效率。学生中介语中的典型错误是习得的难点和重点，了解到这一点，教学中就可以有的放矢，提高教学的针对性。上文中我们归纳出的典型错误应作为"比"字句教学的重点和难点，在教学中应多花时间重点突破。问卷调查中还发现，韩日学习者在使用"比"字句时存在"没有"和"比"同用、"那么"的语序错误、"的"的问题、"得多"和"多了"混用错误，可见学生对句式结构的把握不准。因此，本书建议把每一个句式作为一个构式来学习，牢记每一句式的结构，知晓每一句式的语义和使用条件，如此才能学得扎实、用得准确、习得得快。

第五章

韩日背景高级汉语学习者
兼语句的习得

一、研究综述

兼语句是现代汉语的常用句式之一，一直是学界讨论的热点。几十年来，研究者从各个角度对其进行了大量研究，也取得了显著的成果。

（一）兼语句本体研究

兼语动词在语义上的共同特点是含有致使义，兼语句中的第一个动词导致第二个动词的出现（游汝杰，2002）。学界对兼语句的划分，有的分类较严，有的分类较宽，但都注意到兼语句第一个动词 V1 的重要性，都是按照 V1 的语义来为兼语句划类的。

分类较严的，如丁声树（1961），黄伯荣、廖序东（1997）等。丁声树（1961）根据第一个动词 V1 的不同将兼语句分为三类：第一个谓语动词是"使、叫、让、请、召集"等；第一个动词 V1 是"有"或"没有"；第一个动词 V1 是次动词"被"。黄伯荣、廖序东（1997）将兼语句分为有使令意义的兼语句、有赞许或责怪意义的兼语句及第一个谓语动词用"有"等词语的兼语句。邢欣（1984）则从语用的角度把兼语式分为两种：一种是由"使、让"几个单纯致使义动词构成的句式；一种是带有"间接祈使语气"的句式。郭曙纶（2000）从语义理解角度，把兼语式分为使动兼语式、释因兼语式和拥有兼语式三类，并根据 V1 的词性，把兼语式分为动词兼语式、形容词兼语式、名词兼语式和主谓词兼语式。

分类较宽的，有范晓（1996、1998）、陈昌来（2000）、刘月华（2001）、张斌（2010）等。刘月华（2001）将兼语句分为六种典型兼语句和两种特殊兼语句。张斌主编的《现代汉语句子》（2010）把兼语句分为五类，分别是使令类、喜怒类、称呼类、有无类、交接类。此外，杨麦娇（2002）根据 V1 与 V2 之间致使程度的强弱，把兼语式分为强性兼语式和弱性兼语式。

上述研究为汉语作为第二语言教学中的兼语句习得研究奠定了良好的基础。

（二）兼语句习得研究

兼语句历来被认为是外国人学习汉语的一大重点和难点。李大忠（1996）是对外汉语教学中兼语句偏误研究较早的，文中归纳了"使"字兼语句的主要偏误类型，并分析了出现偏误的原因。近年来，不少学者对不同母语背景的第二语言学习者兼语句的使用偏误和习得情况进行分析和考察。胡云晚

（2002）从留学生偏误入手，对"使"字句和"让"字句进行比较研究。郭姝慧（2004）结合留学生误例，探讨"使"字句的成句条件。陈璐（2007）分析和比较对韩汉语教学中被字句、兼语句的教学问题。周文华（2007）在对"让"字句功能进行分析的基础上，对留学生"让"字句的习得情况进行考察。周文华（2009）基于 90 万字的中介语语料库，对不同国别、不同水平的留学生对兼语句的六种下位句式的习得情况进行考察，指出外国学生兼语句的使用频率远低于本族人，并据其使用情况，对不同句式的使用难度和习得顺序进行排序。赵曾（2011）基于 HSK 动态作文语料库，研究留学生对现代汉语兼语句的习得情况，并给出相应的教学建议。刘明佳（2013）基于 HSK 动态作文语料库，对日本留学生习得汉语兼语句的偏误进行分析。鞠伟伟（2014）基于中介语语料库，对韩国留学生兼语句习得偏误进行分析。李嘉玲（2013）对越南留学生汉语兼语句的习得偏误进行分析。周梦瑶（2013）考察对外汉语教学中使令类兼语句的习得与教学问题。这些研究的共同特点是都是基于中介语语料库进行的，主要针对留学生在兼语句习得过程中的偏误进行分析，并在此基础上推断致误原因，给出相应的教学建议。

　　但已有习得研究中尚存在一些问题，比如有些研究考察的范围小，结论的普遍性不强，对习得情况认识不清等。同时，之前的研究多为偏误分析，对于学习者兼语句的整体使用情况分析不多。本书拟在借鉴前人成果的基础上，基于大规模语料库对高级阶段韩日学习者兼语句的习得情况进行考察，以期揭示其中存在的规律，从而为对韩、对日汉语教学提供借鉴。本研究采用的方法有两个：一是语料库语言学的研究方法，利用大规模语料库，了解留学生在自由表达的情况下所产出的兼语句的偏误是否存在化石化现象；二是问卷调查法，通过调查问卷，了解具体情境下学生对特殊句式的习得情况及是否存在化石化现象。

二、兼语句的分类

　　基于中介语语料库进行留学生兼语句习得考察的相关研究中，研究者往往根据语料库中兼语句的实际使用情况对兼语句进行分类。周文华（2009）根据留学生语料库中兼语句的实际使用情况，主要考察三大类兼语句。

　　第一类是使令类兼语句。使令类兼语句是典型结构，语义上是 V1 致使 N 产生 V2 这个动作或状态。根据句中 V1 致使性的强弱，可以细分为四种不同的小类：①要求类，句中 V1 主要有"要求、命令、请求、使、让、令"等；②派遣类，句中 V1 主要有"派、邀请"等；③培养类，句中 V1 主要有"培养、供养、组织"等；④陪同类，句中 V1 主要有"陪、帮、扶"等。

第二类有无类兼语句。V1 是"有、没有"，兼语表示存在的人或事物，兼语的谓语说明或描写兼语。

第三类是称呼类兼语句。V1 主要有"称、叫、骂"等，后一个动词多为"是、为、作"等。

赵曾（2011）将兼语句分为使令类、心理活动类、有无类、称呼类、是字类、双宾兼语句和连动兼语句等七类，并根据使令类兼语句中 V1 致使性的强弱，将其细分为三个小类，即要求类、派遣类和培养类。

据周文华（2009）对包含约 90 万字的汉语语料的检索统计，94.6% 的兼语句是使令类兼语句。因此可以说，使令类兼语句应作为汉语作为第二语言的教学中兼语句语法项目的主要内容。本书将主要考察 HSK 动态作文语料库中由兼语动词"让、使、叫、请、令、派、使得"等构成的使令类兼语句的习得情况。

三、HSK 动态作文语料库中兼语句的习得情况

（一）兼语句的整体表现分析

本研究首先将语料中所有的兼语句进行标注，分为正确与偏误两大类，然后对偏误用例进行标注。以往研究多从形式方面入手，采用"遗漏""误加""误代""错序"四分法来分析学习者的使用误例，如周文华（2009）等。本研究采用"泛化""遗漏""内部偏误"三分法，来分析取样材料中兼语句的使用误例。

本研究随机抽样语料中，日韩留学生兼语句用例共 740 例，其中正确用例 631 例，平均正确率为 85.3%。比如：

例1　一开窗户就听到烦人的声音，真叫人不知所措。

例2　除非你对文化很感兴趣，否则这些话题会令人感到很枯躁。

例3　这里舒适、干净，请你们不要担心。

例4　父亲给他们三根棍子，让他们折断。

例5　这件事使她感到沮丧。

我们将语境不要求使用却使用了兼语句的句子标注为"泛化"。抽样语料

中，泛化用例共 29 例，占用例总数的 3.9% 。比如：

例 6 这让青少年带来不好的影响。

例 7 我们应提高农作物的产量并降低价格，使在短时间内解决全球人的饥饿问题。

例 8 读完这篇文章让我觉得很有意思，又很可笑。

例 9 一看见那个东西，就使我垂头丧气。

根据语境和句义来看，上举各例皆不应使用兼语句。其中例 6 中"让"应改为"给"；例 7、例 8、例 9 中，应去掉其中的兼语动词"让"或"使"。

我们把应语境要求使用但存在偏误的兼语句标注为"内部偏误"。抽样语料中，内部偏误用例共 33 例，占用例总数的 4.5% 。比如：

例 10 她的爷爷不让继续上学。

例 11 现在北京市为了扩展公路砍倒了许多老树，让城市的面貌大大改变。

例 12 没想到姐姐家全家到火车站来接我们，让我们感到又惊讶又高兴。

例 13 他的著作《清贫的思想》使他目前日本最著名的作家之一。

上举各例中，例 10 中兼语动词"让"后缺少兼语"她"；例 11、例 12 中兼语动词"让"前缺少形式主语"这"；例 13 中兼语"他"后缺少 V2 "成为"。

我们把语境要求使用兼语句而未使用的句子标注为"遗漏"。抽样语料中，遗漏用例共 47 例，占用例总数的 6.4% 。比如：

例 14 我们要发展社会，将来这个世界没有饥饿的人。

例 15 因为困难和挫折人们往往变成废人

例 16 那样的话，孩子的未来很担心。

例 17 这么简单的事给我大吃一惊。

上举各例皆应添加相应兼语动词，改为兼语句。其中例 14 中，应在"将来"前添加兼语动词"让"；例 15 应改为"困难和挫折往往使人们变成废人"；例 16 应改为"那样的话，孩子的未来很令人担心"；例 17 中应将句中的"给"替换为兼语动词"让""令"或"使"。

抽样语料中，韩日留学生兼语句的总体使用情况见表 5 - 1。

表 5 - 1　韩日留学生兼语句使用的总体情况

类型	用例数量	所占比例
正确	631	85.3%
遗漏	47	6.4%
内部偏误	33	4.5%
泛化	29	3.9%
总计	740	100%

（二）韩日学习者兼语句不同等级的习得情况

同时，我们对不同水平韩日学习者兼语句的使用频率及使用正确率进行了考察，见表 5 - 2。

表 5 - 2　不同水平韩日学生兼语句的使用频率及使用正确率

水平等级	总用例	正确用例	正确率	使用频率
A	60	55	91.7%	0.36
B	407	343	84.3%	0.17
C	273	234	85.7%	0.12
总计	740	631	85.3%	0.15

注：使用频率（总字数为 483 409，单位为万分之）。

从表 5 - 2 可以看出，从 A 级到 C 级，兼语句的使用频率逐级递减，使用正确率 A 级语料最高，B 级、C 级则正确率相当。这说明留学生兼语句的使用正确率基本与其汉语水平成正比，获得 A 级证书的留学生汉语水平最高，兼语句的使用正确率也最高。HSK 动态作文语料库中收入的语料皆为参加 HSK 高等考试的留学生作文，本研究语料则皆为参加高等考试且获得等级证书的留学生作文，所以可以说这些语料皆出自高级汉语学习者之手。其中兼语句的平均正确率为 85.3%，说明在兼语句习得过程中，即使是到了高级阶段，留学生兼语句的生成方面也还存在一些问题。下文中，我们将对兼语动词"让、使、叫、请、令、派、使得"等构成的使令类兼语句的使用情况分别进行考察。

（三）韩日学习者不同类型使令类兼语句的习得情况

语料库中，兼语动词"让、使、叫、请、令、派、使得"等构成的使令类兼语句的使用频率存在较大差异，见表 5 - 3。

表 5 - 3　韩日留学生使令类兼语句的分布

兼语动词	内部偏误	泛化	遗漏	正确	总数
让	17	10	25	408	460
使	16	18	21	188	243
令	0	0	1	12	13
叫	0	0	0	9	9
请	0	0	0	8	8
派	0	0	0	2	2
使得	0	1	0	4	5
总计	33	29	47	631	740

从表 5 - 3 可以看出，语料库中韩日留学生语料中由兼语动词"让、使"二词构成的使令类兼语句的数量明显多于其他兼语动词构成的兼语句数量，这说明留学生在表达使令义时倾向于选择"让"和"使"构成的兼语句。至于其他兼语动词构成的兼语句，用例数量都很少，不过使用正确率较高，基本上无偏误用例（"令"字句和"使得"句各有一个误例）。同时，"让"和"使"构成的兼语句之间在使用频率上也存在明显差异，抽样语料中"让"字句的数量远远多于"使"字句。下文将对"让"和"使"构成的使令类兼语句的偏误类型进行考察。

1. "让"字句的偏误分析

（1）"让"字句的内部偏误：

抽样语料中，"让"字句的内部偏误用例共 17 例，表现在如下几个方面：

一是"让"后少宾语。比如：

例 18　她的爷爷不让继续上学。（当在"让"后添加宾语"她"）

二是"让"后少兼语动词。比如：

例 19　大部分的流行歌词，让人们聪明。（当在"人们"后添加动词"变"）

例 20　回国后，他让我交流本科生的汉语研究会员。（当在"我"后添加动词"成为"）

三是"让"字句中少主语。比如：

例 21　姐姐家全家人到火车站来接我们，让我们感到又惊讶又高兴。

例22 今天是父母节，让我再一次想到您对我深深的爱。

（以上二例当在"让"前添加形式主语"这"）

四是"让"字句语序错误。比如：

例23 我想如果汽车喇叭声换成狗声的话，让人会笑。（后一分句当改为"会让人笑"）

例24 父母要好好让孩子理解这个事情。（当改为"父母要让孩子好好理解这个事情"）

我们将"让"字句的内部偏误分布情况进行了统计，见表5－4。

表5－4 "让"字句的内部偏误分布

内部偏误类型	数量	所占比例
句中少主语	9	52.9%
"让"后少兼语动词	4	23.5%
句内语序错误	2	11.8%
"让"后少宾语	1	5.9%
其他	1	5.9%
总计	17	100.0%

（2）"让"字句的泛化偏误：

抽样语料中，"让"字句的泛化用例共十例。这些泛化用例可分为两类：

一类是"让"字误加，当删除。比如：

例25 读了这篇故事后，自然让人想起日本人常说的"船夫多了，船竟开到山上去"等成语。（此句当删去后一分句中的"自然让人"）

例26 长辈们不要强迫让后辈们做某件事情。（此句当删去"让"）

另一类是当用"给"等其他词语而误用"让"。比如：

例27 我能让顾客介绍中国的悠久历史和历代王朝的故事。（此句当将"让"替换为"给"）

例28 这让青少年带来不好的影响。（此句当将"让"替换为"给"）

（3）"让"字句的遗漏偏误：

抽样语料中，"让"字句的遗漏用例共25例。这些用例主要分为两类：一类是当在兼语动词位置添加"让"；一类是当将句中其他词语替换为"让"。比如：

例 29 我的母亲喜欢听古典音乐，想她的孩子弹钢琴。

例 30 我认为给病人安乐死是合理的。

例 31 他们情愿辛苦地劳动，给孩子多学知识。

例 32 发达国家帮助落后国家，是为了大家一起享受快乐的生活。

以上各例均应使用"让"字句，但都未用。例 29 后一分句当改为"想让她的孩子弹钢琴"；例 30、例 31 句中的"给"当替换为"让"；例 32 后一分句当改为"是为了让大家一起享受快乐的生活"。

2. "使"字句的偏误分析

(1)"使"字句的内部偏误：

抽样语料中，"使"字句使用的内部偏误表现在如下几个方面：

一是"使"后少宾语。比如：

例 33 为了使未来能够听到更好听的流行歌曲，我们要避免下载免费音乐。（当在"使"后添加宾语"自己"）

例 34 应该由政府管理农村，让农民增加收入，使不要有饥饿现象。（当在"使"后添加宾语"他们"）

二是"使"字句中少动词 2。比如：

例 35 《清贫的思想》使他目前日本最著名的作家之一。（当在"他"添加动词"成为"）

三是"使"字句中少主语。比如：

例 36 我就坐在他的旁边哼唱，使全家人都很惊讶。

例 37 每个城市都有独特的气氛，使我十分感动。

（以上二例中当在"使"前添加形式主语"这"）

四是"使"字句语序错误。比如：

例 38 他的所作所为深深地使我感到，一个人一定要做得正、行得正。（第一分句当改为"他的所作所为使我深深地感到"）

我们将"使"字句的内部偏误分布情况进行了统计，见表 5 - 5。

表 5 - 5 "使"字句的内部偏误分布

内部偏误类型	数量	所占比例
句中少主语	10	62.5%
"使"后少宾语	3	18.8%

续表

内部偏误类型	数量	所占比例
"使"后少兼语动词	2	12.5%
句内语序错误	1	6.3%
总计	16	100.0%

（2）"使"字句的泛化偏误：

抽样语料中，"使"字句的泛化偏误用例共18例，主要分为如下两类：

一类是句中当用"让"字句而用了"使"字句。比如：

例39　人们一开始一定会觉得新鲜，也可以使自己放松一些。

例40　老师们决定使我念二年级了。

一类是"使"字的误加，应删除。比如：

例41　随着环境污染的加重，使那些破坏农作物的物质对农药的抵抗力增强了。（当删除句中的"使"）

例42　一看见那个东西，就使我垂头丧气。（后一分句当改为"我就垂头丧气"）

（3）"使"字句的遗漏偏误：

抽样语料中，"使"字句的遗漏偏误用例共21例。比如：

例43　吸烟不但上升人的血压，而且对人的内脏十分有害。

例44　吸烟可以对人产生各种各样的疾病。

例45　为了产量大大提高，人们不得不用化肥和农药。

上面三例中，例43的第一分句当改为"吸烟不但使人的血压上升"；例44中的"对"当改为"使"；例45当在"为了"后添加"使"。

（四）综合分析

抽样语料中，"让"字句和"使"字句的用例数量占绝大多数，740个兼语句用例中，这两种句式的总用例为703例，占全部用例的95%。下面我们对这两种句式的使用情况进行比较，见表5-6。

表5-6　"让"字句与"使"字句习得情况比较

兼语动词	内部偏误用例	泛化用例	遗漏用例	正确用例	总数
让	17/3.7%	10/2.2%	25/5.4%	408/88.7%	460/100%
使	16/5.8%	18/6.5%	21/7.6%	188/68.1%	243/100%

从表 5-6 可以看出，"让"字句的习得正确率明显高于"使"字句，与此同时，"使"字句的各类偏误所占比例皆高于"让"字句。

学界常常把使用正确率作为某一语法习得与否的标准。施家炜（1998）采用 80% 作为习得与否的分界线，林勇民（2000）采用 60% 作为分界线，肖奚强、黄自然（2012）采用 70% 作为分界线。本研究的抽样语料中，兼语句的所有用例平均正确率为 85.3%，因此宜采用 80% 作为习得与否的分界线。由于其他句式的用例所占比例极低，这里只分析"让"字句和"使"字句习得情况。从正确率来看，"让"字句的使用正确率为 88.7%，超过分界线，因此可以初步推算，"让"字句基本被成功习得；而"使"字句的使用正确率为 68.1%，距离分界线较远，可以初步认定，该句式未被习得，也就是出现了化石化倾向。

就"让"字句而言，虽然学习者的使用正确率较高，基本成功习得，但在"让"字句习得过程中存在几个问题值得关注：一是"让"句的回避现象较为突出，是三种偏误类型中所占比例最高的，当用而未用，说明有部分学习者对兼语句语义和功能的把握尚有欠缺；二是在学习者的内部偏误用例中，缺少形式主语"这"的用例和"让"后缺少兼语动词的用例数量较多，分别占总数的 52.9% 和 23.5%，这说明学习者对兼语句结构形式的掌握还存在一些问题；三是在泛化偏误用例中，"让"和"给"的混用现象值得注意，说明学习者对于兼语句与其他相关句式的区分尚不甚清晰。

就"使"字句而言，学习者的使用正确率比"让"字句低得多，出现一定程度的化石化。在"使"字句的习得过程中存在几个问题值得关注：一是"使"字句的回避现象较为突出，是三种偏误类型中所占比例最高的，当用而未用，说明有部分学习者对兼语句语义和功能的把握尚有欠缺；二是在学习者的内部偏误用例中，缺少形式主语"这"用例数量较多，占总数的 62.5%，这说明学习者对兼语句的结构形式的掌握还存在一些问题；三是在学习者的泛化偏误用例中，当用"让"而用"使"的用例占一定比例，说明有些学习者对于"让"和"使"的区别不甚了解。

总之，抽样语料中，使令动词"让"和"使"构成的兼语句所占比例相当高。通过对相关用例进行考察，我们发现学习者对于这两种句式的习得主要存在三个方面的问题：一是对兼语句结构形式的把握尚有欠缺，因而出现遗漏相关成分的现象；二是对兼语句的语义和语用条件的把握不甚清晰，因而出现当用未用的现象；三是对不同兼语动词的使用限制不甚明晰，因而出现混用的现象。此外，其他使令类兼语动词"叫、请、令、派、使得"等使用频率甚低，但使用正确率较高，除"使得"句出现一个误例外，其他各词引导的兼语句皆无误例。

四、兼语句问卷调查及结果分析

（一）调查目的

本测试主要想考察以下两个问题：

（1）高级阶段的韩日汉语学习者对兼语句语法结构及各句式适用语境的识别情况；

（2）高级阶段的韩日汉语学习者对兼语句语法合宜度的判定情况与动态作文语料库抽样语料的考察结果存在哪些异同？

（二）调查对象

我们选择了 HSK 5 级以上的韩日留学生作为测试对象，参加调查的对象都是全日制在校生，都在学校接受正规的汉语教育，背景非常整齐。本调查时间为 2016 年 6 月和 12 月，参与调查的学生共 17 名。

（三）调查问卷设计

兼语句的调查问卷，采用的是判断句子正误及选词填空的形式。其中判断正误部分包含十个句子，这些句子全部从 HSK 动态作文语料库中选取并稍加改动；选词填空部分包含九个句子，要求学生在句子空白处填上合适的词语，给出的提示词语有"给、使、让、请、叫、把、使得"等七个词。本次问卷调查由学生在课下完成，不限定时间（调查问卷详见书末附录）。

（四）调查结果及分析

兼语句调查问卷第一部分共十个题目，要求学生判断句子的正误，如果认为句子是错的，还需加以改正。这十个题目均存在语法错误。

题目1　老师们决定使我念二年级了。

题目5　随地扔烟头让整洁的社会环境受到破坏。

题目7　人们不应只顾自己，而要看得远一些，不要使更多的人去挨饿！

——以上题目 1、题目 5、题目 7，三个句子涉及兼语动词"让"和"使"的混淆，即当用"让"而用"使"，或当用"使"而用"让"。

题目2　两年前，他的著作《清贫的思想》使他目前日本最著名的作家之一。

题目 3　广场里有许多警察，让我有点儿紧张起来。

题目 6　为了使未来能够听到更好听的流行歌曲，我们不要下载免费音乐。

题目 9　我曾经想过如果那时候汽车喇叭声换成狗声的话，让人会发笑。

——以上题目 2、题目 3、题目 6、题目 9 四个句子涉及兼语句的内部偏误，分别为缺少兼语句动词 2、缺少兼语句主语、缺少兼语、语序错误。

题目 4　一看见那个东西，就使我很生气。

题目 10　我们不应该让它放弃，因为我们是人。

——以上题目 4、题目 10 两个句子涉及兼语句的泛化，即不该使用兼语句。题目 4 不该使用"使"，而题目 10 不该使用"让"。

题目 8　父母们辛苦地挣钱，给孩子多学知识。

——题目 8 涉及"让"字句与"给"字句的混淆，当用"让"而使用了"给"。

以上十个题目的判定及修改情况汇总见表 5 – 7。

表 5 – 7　学习者对 10 个题目的判定及修改情况

题目	判定错误	判定正确	改正正确	正确率	偏误类型
1	4	16	13	65%	使/让混淆
5	9	11	6	30%	
7	9	11	1	5%	
2	4	16	10	50%	内部偏误
3	13	7	0	0%	
6	4	16	2	10%	
9	7	13	7	35%	
4	2	18	11	55%	泛化
10	6	14	14	70%	
8	1	19	9	45%	让/给混淆

调查问卷第一部分十个题目的修改正确率为 39%。从偏误类型来看，学生对于兼语句泛化偏误的判定及修改的平均正确率最高，其次是"让、给"的混用偏误，再次是"使、让"的混用偏误，而兼语句内部偏误的判定及修

改的平均正确率最低。这说明，学生对于兼语句语用条件的掌握要略强于其对兼语句结构特点的把握。

调查问卷第二部分要求学生在句子空白处填上合适的词语，给出的提示词语有"给、使、让、请、叫、把、使得"七个词：

1. 老师_____我每天做功课。

2. 下周一的考试_____他造成了很大的压力。

3. 他常常撒谎，这_____别人对他产生了很差的印象。

4. 我们不能因为追求名利而_____自己成为金钱的奴隶（slave）。

5. 很多外地商人的投资_____上海有了很大的进步。

6. 我想_____你做我们的老师。

7. 爸爸不_____我喝酒。

8. 听说我还没有男朋友，她想_____她的哥哥介绍给我。

9. 他_____我去他的公司上班。

此次问卷调查，共收回有效问卷 **17** 份，这部分题目的平均正确率为 **73%**。表 **5 − 8** 中展示的就是这些题目的具体完成情况。

表 5 − 8　与兼语句有关的填空题的完成情况

题目	正确数	错误数	正确率	当用词	误用词
1	13	4	76%	让	给
2	9	8	53%	给	让、使
3	12	5	71%	让、使	给
4	8	9	47%	让、使	给、叫、把
5	11	6	65%	使、使得	让、给
6	12	5	71%	请	把、使
7	17	0	100%	让	
8	14	3	82%	把	让、叫
9	16	1	94%	让、请、叫	使

从表 5 − 8 可以看出两点：

其一，题目 1、题目 7、题目 8、题目 9 的完成正确率高于平均正确率（73%），其他题目的完成正确率则低于平均正确率。正确率较高的四个题目中，题目 1、题目 7、题目 9 都是当用"让"的句子，而题目 8 为当用"把"

的句子。而五个完成正确率较低的题目却都与"使"有关，或是当用而未用，或是不当用而使用。这说明虽然"让"字句和"使"字句是学生使用较多的两个句式，但两相比较而言，学生对于"让"字句的掌握要好于"使"字句。

其二，在学生的中介语语法系统中，句式混用现象较为突出。首先是同为使令类兼语句的"让"字句和"使"字句的混用，这主要与二者都可表达"致使产生某种结果"的语义内容有关；其次是使令类兼语句与"把"字句、"给"字句等其他句式之间的混用，这当与学生对汉语中这几个句式之间的界限与差异不甚明晰有关。

五、兼语句的偏误原因分析

我们认为，学习者兼语句使用偏误的成因有如下几个方面：

（一）韩日学习者母语的负迁移

尽管母语不同，但世界上大部分地区人们的认知中都有"A 使令 B 做某事"这一概念范畴，韩语和日语也不例外（苏丹洁，2011）。不过日语、韩语与汉语的基本语序不同，而表达使令义的句式中"使令对象"和"使令方式"的次序与其语言的基本语序（SVO 或 SOV）一致。即汉语兼语句中谓词性的"使令方式"在体词性的"使令对象"之前；而韩语和日语中谓词性的"使令方式"在体词性的"使令对象"之后。同时，日语和韩语中表达使令义的句式的使用习惯也与汉语有些不同。比如，韩语使令类兼语句偏重 N2 的动作行为，句中一般只出现 V2；而 N1 的动作行为 V1 有时不出现，需结合具体语境进行推断。韩国学生在使用兼语句的过程中，容易出现遗漏动词 V1 的现象，即与其母语负迁移有关。

（二）课堂教学和教材处理方式的影响

首先，现行大纲对兼语句的选取和编排情况不甚理想。《对外汉语教学初级阶段教学大纲》（杨寄洲，1999）只在第 74 个语法项目"致使意义的表达"中设置兼语句，并指出其基本句式是：动词 1 + 名词 1 + 动词 2 + 名词 2。其基本语义为：名词 1 既是动词 1 涉及的对象，又是动词 2 所示动作的执行者。主要动词有请、让、派、使、禁止、命令等。此外再无其他相关项目。杨寄洲主编的《汉语教程》（2006）第 22 课中出现兼语句，不过只是指出使令类兼语句的结构形式和基本语义，而没有区别兼语句的不同下位句式。

其次，从教学方面来看，初级阶段兼语句教学中吸收语法学界的研究成果不是很多，教师往往参照大纲和教材设置情况，把不同类型的兼语句笼统地介绍给学生。同时，在初级阶段将兼语句所有句式一股脑儿呈现之后，很少在接下来的教学内容中专门针对兼语句进行重现、强化和总结，学习者在兼语句习得过程中接受的课堂输入量相对较小。课堂输入量小自然会加大语言输出的错误风险，出现化石化现象也就在所难免。韩日学生之所以用不好或者回避使用兼语句，与这种教学状况有很大关系。

（三）兼语句本身的复杂性是导致学习者产生偏误用例的重要原因

首先，兼语句的结构形式"N1 + V2 + N2 + V2"比一般的"S + V + O"句式复杂，结构中包含两个名词性成分，两个谓词性成分，因此学习者在使用中很容易出现成分遗漏的现象。

其次，不同兼语动词之间语义差别比较细微，学习者可能会因教师的教学缺陷或课堂输入与巩固训练不足而发生混用。

最后，兼语句与汉语中其他句式，比如主谓短语做宾语句、"把"字句、"被"字句及"给"字句，在结构和语义上有些交叉，给学习者兼语句的学习增加了难度。

六、教学对策

针对韩日背景高级汉语学习者中介语中兼语句的使用情况，我们提出如下教学建议：

一是改变现有兼语句的教学思路，采用"构式语块教学法"。苏丹洁（2011）指出，表示使令类兼语句的内部语义配置不是"施事—动作—受事/施事—动作"，而是"使令者—使令方式—使令对象—使令内容"。例如：

老师　　　派　　　班长　　　　　去办公室拿书
[使令者]　[使令方式]　[使令对象]　　　[使令内容]

我们建议兼语句的教学采用"构式语块教学法"（the construction – chunk approach），兼语句语块链就是"使令者—使令方式—使令对象—使令内容"。只是需要指出，韩语和日语的基本语序是谓语 V 在宾语 O 之后，语块链中也是谓词性的"使令方式"在体词性的"使令对象"之后。这种教学法可以让学习者明晰句式的形式、语法意义和功能，同时也了解其内容结构。其优势在于，能有效地激活学习者的认知共性，并引导他们理解和掌握汉语的个性特征。教学实验结果表明，对于兼语句的教学，与"主—谓—宾"思路相比，构式语块教学法更简单、快速，习得效果也更牢固、长久（苏丹洁，2011）。

二是在教学中运用对比教学法。通过对抽样语料和调查问卷的分析，我们发现相当一部分日韩学习者的偏误用例与混用有关。首先是兼语句不同句式间的混用，比如"让"字句和"使"字句；其次是兼语句与其他句式之间的混用，比如"给"字句和"把"字句。因此我们建议，教师应重视兼语句各个句式之间的差异，在教学中通过设置合适的语境，通过对比让学生掌握这些兼语动词之间的细微区别。同时，采用对比教学法，从结构、语义及语用等不同方面展示兼语句与其他相关句式的差异，并设计有针对性的练习项目帮助学生掌握兼语句。

三是在教学设计中充分考虑学生的母语背景，提高兼语句教学的针对性。汉语与韩日两种语言属于不同语系，使令义的表达方式及结构特点存在一定差别。正如杉村博文（2003）所说："虽然学会了外语的编码形式，但运用那些方式的思路仍然是母语的思路——换汤不换药，这是外语学习的常态。"本研究抽样语料中大量偏误用例的存在表明，韩日学生在学习汉语兼语句时，很可能受母语影响，直接以母语的形式对译汉语。教师了解韩日汉语学习者兼语句习得中存在的问题，就可以做到未雨绸缪，在教学中有目的、有针对性地加强相关句式的教学，提高教学效率。

第六章

韩日背景高级汉语学习者
"是"字句的习得

一、研究综述

在现代汉语中，"是"字句是一种较为特殊的句式。该句式使用频率高、语义广泛、语法结构复杂，是留学生需要学习的重点句式之一。但教学中我们常常发现即使到了中高阶段，学习者在使用"是"字句时仍存在这样那样的问题。因此，对"是"字句的习得情况进行考察，对学生的偏误做深入细致的分析，总结学习者的"是"字句习得规律，就显得极为重要。

（一）"是"字句本体研究

1. "是"字句的结构

语法家们从不同的角度、采用不同的标准将"是"字句进行了分类。

第一种标准是按照充当结构成分的词的类别给"是"字句分类，持这种看法的有范晓、王力。比如范晓（1998）按照充当主语的词的类别把"是"字句分为四种：主语是名词性词语的"是"字句、主语是动词性词语的"是"字句、主语是形容词性词语的"是"字句和主语是主谓短语充当的"是"字句。

第二种标准是以谓语（是＋后面的成分）为中心，根据谓语的性质划分，代表人物是陈建民。他（1986）将"是"字句分为谓语是名词性成分的"是"字句、谓语是谓词或小句的"是"字句、谓语是"的"字短语的"是"字句和几种特殊的"是"字句，如"是……的"句，"X是X"，等等。

第三种标准是根据谓语的结构关系来划分。黄章恺（1987）将"是"字句分为两种：一般动宾谓语型的"是"字句和非动宾谓语型的"是"字句。

前三种标准在划分时以形式为主，第四种标准是按照主宾语的关系。刘月华（2001）等将"是"字句分为八类，如表示等同、归类、肯定等。

2. "是"字句的语义类型

关于主宾语之间的关系，语法家们都认为比较复杂。至于具体的语义关系，他们的看法既有一致性，也存在分歧。范晓（1998）认为"是"字句的语义模式是"起事—动核—止事"，主宾语之间的语义关系比较复杂，主要有四种关系：等同、归类、存在和领有。他还提到其他的语义关系，比如表示比喻、特征、质料、着装、工具等。陈建民（1986）除了提到上述四种关系外，认为还有主谓语之间的灵活关系，还有修辞方式"打比方"。徐建华（1991）认为"是"字句中主宾语语义关系可以分为五大类，包括宾语表示对主语的分类、宾语表示与主语的等同、宾语表示对主语的描写、宾语表示对主语的说明、宾语表示对主语的评论，每类又可以分为若干小类。周红波（1992）认为"是"字句句法结构与语义结构之间存在某种一对多的关系，主要有认同型、归类型、描写型、说明型等。

3. "是"字句的语用功能

对于"是"字句的语法功能，大家基本上看法一致，即"是"字句主要表肯定和判断。吕叔湘（1999）认为"是"字句主要起肯定和联系的作用；范晓（1998）认为"是"字句的语用价值就是表判断兼肯定；刘月华（2001）等认为表示肯定和判断。

4. "是"字句在大纲中的出现情况

《汉语水平等级标准与语法等级大纲》把"是"字句的学习分为三个等级，分别置于甲级、乙级和丙级语法大纲中。

甲级语法大纲按主宾语的关系，列出五种"是"字句，分别是：①表示等同；②表示质料或特征；③表示说明或归类；④表示存在；⑤表示领有，并举例说明否定式。

乙级语法大纲列出五种"是"字句。前四种按形式分类，分别是：①主＋是＋数量词；②主＋是＋动词词组；③主＋是＋主谓词组；④主＋是＋介词词组。第五种动词"是"表强调。

丙级语法大纲中列了三种"是"字句，分别是：①主＋是＋动＋的＋宾（肯定某种已实现的情况）；②……的＋是＋名/动/小句（强调谓语）；③（都、正、就）是＋小句/无主句（强调一件事情的真实性）。

《对外汉语教学语法大纲》认为，"是"字句是动词谓语句中的一类。"是"的基本意思是表示肯定的判断，有时又引申为等同。"是"字句的主宾语可以是名词或名词词组（包括时间词语和处所词语）、代词、数词或数量词词组、动词或动词词组、形容词或形容词词组以及主谓词组、"的"字词组。此外，介词词组也可以作"是"字句的宾语。按主宾语的语义关系可分为：表示相等、同一、等同；表示归类；表示特征；表示比喻；表示说明解释；宾语是说明目的或原因的；宾语是对主语的陈述、说明或解释；"是"开头的无主语句兼语句，也是表示说明或解释的；表示存在；"是"前后用相同的词语；"是"重读的两种用法。

（二）"是"字句习得研究

"是"字句作为现代汉语中的一种特殊且重要的句式，针对它的习得研究在学界也受到了一定的重视，本节主要从偏误分析、习得顺序和教材三个方面对相关研究成果进行总结。

1. 偏误分析研究

江敏（2009）运用对比分析以及偏误分析等理论，对母语是俄语的留学生学习汉语"是"字句的偏误进行了分析，找到并分析了母语是俄语的学习者在学习汉语"是"字句时的困难，并给母语是俄语的学习者提供了相应的学习建议。魏洪艳（2012）根据北京语言大学的 HSK 动态作文语料库中的语料，对韩国留学生习得汉语"是"字句时产生的偏误进行了描写性分析。但是研究中的句式既有"是"字句，也包括"是……的"句。与上述文章研究内容近似或相关的文章，其框架结构也都类似，大多也只是罗列出偏误并进行描写性分析，并未深入探讨留学生汉语"是"字句的习得顺序、影响习得顺序的因素等其他二语习得现象。

2. 习得研究

这方面的研究，无论是对留学生"是"字句习得顺序的研究，还是对其特点的研究，相对少于偏误分析研究类的文章，但也具有一定的学术和参考价值。其中，施家炜（1998）运用多种统计方法探讨了外国留学生习得现代汉语类句式的习得顺序，认为"S＋是＋宾语"句式习得顺序较早，使用频率也高，但是"……的＋是＋小句"句式的习得难度大，习得顺序较晚。但施文并不是专门针对留学生"是"字句习得顺序的研究，且并未限定学习者的母语。刘丽宁（2003）进一步明确了被试者的地区，限定为亚洲地区，主要以日韩两国学习汉语的留学生为调查对象，对八种"是"字句常见的偏误做了归纳和分析，但针对"是"字句习得顺序的研究篇幅极少，所得结论也因语料收集方式和统计方法的不全面而有待商榷。牛骥（2014）以动态作文语料库中日本留学生的"是"字句为研究语料，通过"正确使用相对频率法"和"正确使用率法"对所选取的句式的习得顺序进行了构拟，经过验证发现，两种方法对日本留学生"是"字句习得顺序的构拟结果基本一致；并把日本留学生汉语"是"字句的习得顺序确定为："主语＋是＋名词性短语" ＞ "主语＋是＋动词/形容词/小句" ＞ "主语＋是＋形容词性短语＋的" ＞ "主语＋是＋（状语）＋动词短语＋的＋（宾语）" ＞ "主语＋是＋能愿动词＋动词＋的" ＞ "主语＋是＋因为/由于/为了……" ＞ "主语＋是＋名词性词语＋的" ＞ "'的'字短语＋是＋名词/动词/小句"。此研究是以语言形式为句式的分类标准，既包括"是"字句，也包括"是……的"句。

3. 教材方面

针对"是"字句在对外汉语教材中编排的研究相对前两者的研究更少，其中以董斌（2007）的文章最为详细。该文选取了全套的《汉语教程》为语料库，自建了汉语"是"字句语料库，并从分类统计、编排顺序和复现情况三个方面对《汉语教程》中的"是"字句进行了考察，提供了一系列较为精确的统计数据。

综上所述，近年来很多研究者对留学生的"是"字句进行了偏误分析和习得顺序的研究，但已有的研究存在的问题是：句式分类时既有"是"字句，也有"是……的（二）"句，研究对象的背景不做限定，只研究学习者的偏误，而不关注正确的使用情况等。本书拟在借鉴前人成果的基础上，基于大规模语料库对高级阶段韩日学习者"是"字句习得情况进行全面考察，从而为对外汉语教学提供借鉴。

二、"是"字句的分类

我们根据文献知道，"是"字句是一句法结构复杂、语义表达丰富的句式，且大部分句法结构和语义之间并不存在一一对应的关系，因而对现代汉语"是"字句下位句式进行合理的分类是我们研究"是"字句的重点和难点之一。在对"是"字句研究现状和对外汉语教材及大纲有关"是"字句的描述进行梳理的基础上，本书立足于对外汉语教学实际，结合形式和意义，将"是"字句的语义类型分为七种，再对各语义类型根据语法形式进行分类。

句式的分类标准通常有两种：按形式和按意义。"是"字句用法较多，句型各式各样，同一种形式可能包括多种语义，要做一个形式和意义并重的，既系统又有条理的分类比较难。目前对"是"字句分类比较系统、较有影响的有吕叔湘主编的《现代汉语八百词》和刘月华等的《实用现代汉语语法》中的分类。前者以"是"字为中心，根据"是"字前后成分，尤其是后面的成分，将"是"字句分为八大类；后者将"是"字句分为"是"字句和"是……的（二）"句结构，再根据句式表达的意义对"是"字句句式作了划分。

邢红兵、张旺熹《现代汉语语法项目的标注及统计研究》对母语者"是"字句的使用情况进行了统计，发现"是"字句中使用频率最高的是"表示相等、同一、等同"，其次是"表示归类"，其他依次是"表示说明、解释""表示特征：宾语是主语某部分的特征，或者从某一方面去说明、介绍主语""表示比喻""表示存在""前后用相同的词""'是'重读的两个用法""用于做主语的名词前，表示全部无例外"。"表示界限分明，不含混"的"是"字句则未见用例。

综合上述文献，结合形式和主宾语的语义关系，我们把"是"字句分为以下几类：

一表示存在，宾语是存在于主语的事物。

二表示等同，主语和宾语所指的对象、范围具有等同的语义关系。主宾语的位置可以互换，语义不变。

三表示归类，宾语代表类概念，主语代表属概念，即主语所指事物属于宾语所指事物的一部分，主宾语的位置不能互换。

四表示描写说明，主语是名词性成分，宾语是主语某部分的特征，或者从某一方面去说明、介绍主语；或者表示比喻关系。

五表示说明解释，包括说明解释原因、目的；宾语是对主语的情况做出解释；表示解释的无主句。

六表示肯定，包括两类："是"轻读，用在动词（短语）、形容词（短语）前表示一般肯定，可省略；"是"重读，肯定"是"后边的宾语，有"的确、实在"的强调意味。

七"是"前后用相同的词语，包括两类：肯定主语就是宾语所代表的那一类，"是"前总带"就""总"等副词；表让步，有"虽然"的意思。

三、HSK 动态作文语料库中"是"字句的习得情况

（一）"是"字句的整体表现分析

本研究首先将语料中所有的"是"字句进行正确与偏误分类。正确是指语境要求使用"是"字句而且正确地使用了。偏误参照前人的研究，将韩日学习者的"是"字句偏误分为遗漏、泛化、内部偏误和句式杂糅①四种。

遗漏偏误的例句如下：

例1　在善恶两方面，父母确实孩子的最重要的老师。

泛化偏误的例句如下：

———————————

① 句式杂糅是指句中的某种句式跟其他句式不恰当地糅合在一起。

例 2　现在呢，很多人重视产品的质量，农作物也是不例外。

内部偏误的例句如下：

例 3　我觉得父母是真的孩子的第一任老师。

句式杂糅的例句如下：

例 4　我认为，代沟问题存在的主要原因是长辈和晚辈之间缺乏互相理解，互相信任而来的。

句式杂糅的用例只有七个，文中不一一进行分析。

韩日学习者"是"字句习得的整体表现见表 6 – 1。

表 6 – 1　韩日学习者"是"字句习得的整体表现

类型	数量	占总数的比例
正确	3 282	77.9%
泛化	364	8.7%
内部偏误	313	7.4%
遗漏	245	5.8%
句式杂糅	7	0.2%
总计	4 211	100%

表 6 – 1 显示，"是"字句的使用正确率为 77.9%。韩日学习者"是"字句的总体习得情况不太理想。在所有的错误用例中，泛化偏误比例最高，其次是内部偏误，再次是遗漏偏误，句式杂糅所占比例最低。

（二）"是"字句的偏误分析

1. "是"字句的泛化偏误

这类偏误共有 364 例，典型的错误用例有三类。

第一类是"是 + V/adj"。例句如下：

例 5　原因是如下：

例 6　因为面临这种关键的时刻，可靠的是只有家人。

例 7　但是他们觉得打扫是很麻烦、费力。

例 8　依我看，还是环境更是重要，所以应该吃"绿色食品"。

语料中此类用例共 173 个。这类句子去掉"是"就是正确的句子。泛化偏误中这类偏误最多，占 95.6%。其中很多偏误是在形容词、动词前加"是"，而句子并不表示"肯定义"。

第二类是一个句中同时出现两个"是"字。例句如下：

例 9 这是对那些低年龄的人的教育是一种不好的影响。

例 10 我认为这是对歌星来说是个最重要的义务。

例 11 可对我们不吸烟者来讲却是他们吸的烟是污染。

例 12 总之我对于"安乐死"的态度是算是较赞成的吧，不过也不能说完全、绝对地赞成。

例 13 这种情况是实在是难以相信。

语料中此类用例共九个。这类偏误比较特别，前四个用例都是在"对/对于 + 宾语"前多加了"是"，后一个用例是在副词前多加了"是"，这五个句子去掉第一个"是"就是正确的句子。

第三类是其他句式错用为"是"字句，共有 182 例。其中"是……的"句错用为"是"字句最多，一共有 154 例。例句如下：

例 14 吃"绿色食品"和不挨饿哪个是第一位呢？

例 15 你是从哪里来？

例 16 我想这么说的人是两种。

例 14 和例 15 应该用"是……的"句却错用为"是"字句，例 16 应用"有"字句。

分析发现，韩日学习者对"是"字句和"是……的（二）"句的使用很混乱，弄不清楚什么时候该用"是"字句，什么时候该用"是……的（二）"句。这个现象应该引起我们的注意。

2. "是"字句的遗漏偏误

此类偏误共有 245 例，主要包括两种：

第一种是该用"是"字句而没用，且没用其他动词，添加上"是"，句子就是正确的。例句如下：

例 17 我觉得父母不仅是孩子的第一位老师，而且他的永远的老师。

例 18 这一点可以说吸烟对公众利益的影响。

例 19 我失恋的时候，从痛苦中解脱出来的办法也听流行歌曲。

例 20 "安乐死"是一种选择，我们应该具有的权利。

这类偏误非常多，一共有 224 例。这类偏误中，动词"是"前有副词、连词或插入语，或者小句承前省略主语时，学习者常常容易遗漏"是"。

第二种是语境要求用"是"字句，却使用了其他动词谓语句，例句如下：

例 21 他叫××老师。

例 22 我也当一个真正的大学生了。

例 23 她为茶道和花道的老师。

例 21、例 22 和例 23 都是动词错误，换成"是"就是正确的句子。语料中此类用例共 21 例。语料中的"是"字除了错用为"为、叫、当"以外，还有"成为、在、属于"等动词。

3. "是"字句的内部偏误

"是"字句的内部偏误用例数量在所有类型的偏误中居第二位，我们将结合各语义类型详细分析，现将基本情况列表，见表 6－2。

表 6－2 "是"字句的内部偏误总体情况

内部偏误类型	用例数量	占所有偏误比例
主语错误（包括少主语、多主语）、"的"字短语少"的"、"的"字短语用成"……的事"等	176	56.2%
语序错误	72	23%
宾语错误，包括少宾语、主宾语不搭配、宾语缺少中心语等	41	13.1%
动词错误，包括"是"和"就是"混用	11	3.5%
其他，包括少连词、连词错误等	13	4.2%
总计	313	100%

从表 6－2 可以看出，主语错误、语序错误和宾语错误占了"是"字句内部偏误的 90% 以上，是内部偏误最应该关注的部分。

至于"句式杂糅"偏误，因为全部语料中仅有七例，本文不再单列一节分析。

（三）不同等级韩日学习者"是"字句的习得

从学习者的水平角度，我们对 A、B、C 级学习者的"是"字句的总体使用情况进行了统计分析，结果发现：

（1）A、B、C 三级"是"字句的使用频率①分别为 0.7、0.8、0.9。

（2）A、B、C 三级"是"字句的正确率分别为 92.3%、82.1%、

---

① 使用频率＝使用总数/作文总字数×10 000（A、B、C 三级的总字数分别为 16 839 字、243 434 字、223 136 字），单位为万分之。

72.7％。

（3）统计分析发现，A、B、C 三级"是"字句的习得存在差异，正确率顺序从大到小是 A、B、C，即学习者的级别越高，"是"字句习得越好。

具体情况详见表 6-3。

表 6-3　韩日学习者"是"字句不同等级的习得情况

类型	A 级	B 级	级 C
正确	132	1 670	1 480
内部偏误	3	137	173
遗漏	2	94	149
泛化	6	131	227
句式杂糅	0	1	6
总计	143	2 033	2 035
使用频率	0.7	0.8	0.9
正确率	92.3％	82.1％	72.7％

（四）韩日学习者不同语义类型"是"字句的习得情况

1. 存在义

此类"是"字句的主语是方位词或处所词，"是"有"存在"的意思，宾语是名词性的。此语义类型的句式是"S＋是＋宾语"。正确用例如下：

例 24　我只记得到诊所时您全身是汗。

例 25　此时到处都是前来观日出的人，把整座日观峰观景处挤得水泄不通。

例 26　北京的街道两边都是树。

语料中表"存在义"的"是"字句共出现 13 个，其中十个为正确用例，正确率为 76.9％；内部偏误为一个，遗漏用例为二个。内部偏误和遗漏用例如下：

例 27　在火车站旁边也是一个住宅密集地。

例 28　汉语水平并不高的我一看歌词就晕了，满纸都从未看过的字。

例 29　我小时候，我的顽皮比较厉害，到处都毛病。

例 27 为主语多"在"，可以修改为"火车站旁边也是一个住宅密集地"。遗漏用例例 28、例 29 都是在副词"都"后遗漏了"是"字。

韩日学习者"存在义"的习得情况见表 6 - 4。

表 6 - 4　韩日学习者"存在义"的习得情况

句式	正确	遗漏	内部偏误	总计	正确率
S + 是 + 宾语	10	2	1	13	76.7%

2. 等同义

表"等同义"的"是"字句共出现 1 939 个,其中 1 705 个为正确用例,正确率为 88%;内部偏误为 159 个,遗漏用例为 75 个。与此语义类型相关的句式主要分为三类。第一类是"S + 是 + 宾语",宾语可以是名词性的,也可以是动词性的,还可以是句子。例如:

例 30　他是老大,有三个弟弟和两个妹妹。

例 31　我的爱好是养花、购物,还有照顾我疼爱的猫咪。

例 32　所以我的回答是继续利用这些化肥和农药来增加产量。

此类句式是在"等同义"中使用频次最高的,共有 1 238 个用例,其中 1 124 例正确(例句见上述四例),内部偏误为 50 例,遗漏偏误为 64 例。

内部偏误用例如下:

例 33　到了暑假我们就要到养老院义务劳动,是我学校的规定。

例 34　"不挨饿"是对人来说最基本的要求。

例 35　这个地方是东京的二十三区之内一个叫"千代田区"。

例 36　我们见面以前,那是我彷徨的时期。

例 33 少主语,可以修改为"到了暑假我们就要到养老院义务劳动,这是我学校的规定"。例 34 为语序错误,可以修改为"'不挨饿'对人来说是最基本的要求"。例 35 为宾语不完整,可以修改为"这里是东京的二十三区之内一个叫'千代田区'的地方"。例 36 为多主语,可以修改为"我们见面以前是我彷徨的时期"。

此类用例中,"缺少主语"共有 22 例,"语序错误"有 17 例,这两类错误占了此类偏误的 78%。

遗漏偏误用例如下:

例 37　这一点可以说吸烟对公众利益的影响。

例 38　当务之急提供食物资助。

例 39　她的儿子是李栗谷,当时最博识、最有名的儒学者和政治家。

例 40 但爸的优点酒喝得不多。

例 41 我觉得父母不仅是孩子的第一位老师,而且他的永远的老师。

遗漏偏误中,动词"是"前有副词、连词或插入语时,学习者常常容易遗漏"是",这类偏误占了此类偏误的近一半。另外,小句承前省略主语时也容易出现遗漏"是"的情况,这类偏误有六例。

第二类是"S+就是+宾语"。正确的用例如下:

例 42 我能够坚持到现在的原因,就是您们的这种"特殊"精神。

例 43 我认为,包括中国在内的一些已经达到"小康水平"的国家的下一个任务就是研究绿色食品。

例 44 那就是三个人轮班下山去抬水。

此类句式共有 323 个用例,其中 232 例正确(例句见上述三例),遗漏偏误二例,内部偏误 89 例。遗漏用例如下:

例 45 当父母牵着孩子的小手走出第一步的时候,那就父母教完孩子的第一节课,也是孩子学到的第一课。

例 46 我最讨厌的事妈妈没有主见,最后听从爸爸的。

内部偏误用例如下:

例 47 可是有一个人反对我。就是铃木同学。

例 48 谈及我父亲时总离不开一个词,就是"努力"。

例 49 其中让人死亡最多的病,那就是癌症。

例 50 这就是由别人。

例 47、例 48 都是缺少主语"他"和"那"。内部偏误中,"缺少主语"的用例有 79 个,占此类偏误的 88%,是最主要的偏误,应该引起我们的重视。例 49 则多主语"那"。这三例共同存在的问题是学习者没有把握代词的回指功能,这主要是篇章衔接的问题。例 50 是宾语不完整,可以修改为"这就是由别人帮忙"。

第三类是"'的'字短语+是+宾语"。正确用例如下:

例 51 除了这些活动以外,我还喜欢的是去旅游。

例 52 最重要的是大人的意识和行动。

例 53 令人感到欣慰的是,收容所的老师们替他们做到了这一点。

此类句式共有 379 个用例,其中 350 例为正确用例(例句见上述三例),20 例为内部偏误,九例为遗漏用例。内部偏误用例如下:

例 54   最重要是食品的存在。

例 55   不过和学校的老师不同的事是孩子们不能选择他们的父母。

例 56   但我长大了以后才发现普通人中我所尊敬、影响我的，那就是我的妈妈！

例 54 "的"字短语缺少"的"，可以修改为"最重要的是食品的存在"。例 55 的主语应为"的"字短语，可以修改为"不过和学校的老师不同的是孩子们不能选择他们的父母"。例 56 做主语的"的"字短语缺少"的"，多主语"那"，可以修改为"但我长大了以后才发现普通人中我所尊敬的、影响我的就是我的妈妈"。此类偏误中，最多的用例是"的"字短语缺少"的"，占此类偏误的 50% 以上；其次是"的"字短语错用为"……的事"。

遗漏用例如下：

例 57   你想说的毅力是最重要的吧？

例 58   很遗憾的事，有的父母不重视自己的责任，甚至放弃自己的责任。

例 59   这句话的意思是遇到挫折时，最重要的自己的心理。

上述三例都遗漏了动词"是"。例 57 可以修改为"你想说的是毅力是最重要的吧"。例 58 可以修改为"很遗憾的是，有的父母不重视自己的责任，甚至放弃自己的责任"。值得注意的是，遗漏用例中有 50% 同例 58，错误表现在用"事"代替"是"。例 59 可以修改为"这句话的意思是遇到挫折时，最重要的是自己的心理"。

"等同义"中句式"S + 是 + 宾语"的使用频次最高，其次是"'的'字短语 +（就）是 + 宾语"，使用频次最低的是"S + 就是 + 宾语"。正确率最高的是"'的'字短语 +（就）是 + 宾语"，其次是"S + 是 + 宾语"，正确率最低的是"S + 就是 + 宾语"。在内部偏误中，偏误数量较多的是少主语、语序错误、"的"字短语少"的"，它们占了此类偏误的绝大部分。少主语主要是少回指代词"那"，语序错误主要是句子中有副词和插入语"对……来说"时的错误。遗漏偏误多发生在副词、连词和插入语后，除此之外，主语是"的"字短语时也常常出现此类偏误。

韩日学习者"等同义"的习得情况见表 6 – 5。

表 6 - 5　韩日学习者"等同义"的习得情况

句式	正确	遗漏	内部偏误	总计	正确率
S + 是 + 宾语	1 124	64	50	1 238	91%
S + 就是 + 宾语	232	2	89	323	71.8%
"的"字短语 + （就）是 + 宾语	359	9	20	378	94.9%
总计	1 705	75	159	1 939	88%

3. 归类义

表"归类义"的"是"字句共出现 1 317 个，其中 1 109 个为正确用例，正确率为 84.2%；内部偏误为 87 个，遗漏用例为 121 个。这类语义类型的句式为"S + 是 + 宾语"，其中的宾语多为名词性宾语，包括单个名词、有定语的名词、"的"字短语等。在"是"字句中此类用例位列第二。例句如下：

例 60　我是一个日本留学生。

例 61　再如，我母亲是从事买卖的。

例 62　这案例当中的丈夫不是专家，即不是医生。

内部偏误用例如下：

例 63　父亲从事教育业务，就是公务员。

例 64　但是吸烟是一种习惯性的。

例 65　吸烟这行为不是吸烟者一个人的问题而社会上的问题。

例 66　所以它可以从歌曲中反映出现代社会，从表面上来看，不是一个坏处。

例 67　这是对我们来说也很痛苦的事情。

例 68　总之在公共场所内不允许吸烟是有道理的现象。

例 63 动词"就是"错误，可以修改为"父亲从事教育业务，是公务员"。例 64 是宾语不完整，可以修改为"但是吸烟是一种习惯性的行为"。例 65 是连词"而是"错用为"而"，可以修改为"吸烟这行为不是吸烟者一个人的问题，而是社会问题"。例 66 少主语，可以修改为"所以它可以从歌曲中反映出现代社会，从表面上来看，这不是一个坏处"。例 67 是语序错误，可以修改为"这对我们来说也是很痛苦的事情"。例 68 是主宾语不搭配，可以修改为"总之，在公共场所内不允许吸烟是有道理的规定"。在此类偏误中，缺少主语、语序错误和宾语错误占了较大比重。

遗漏偏误用例如下：

例 69 把喇叭声换成美丽的音乐声也好的办法。

例 70 她在中国现代文学作家当中具有代表性的女作家。

例 71 这对我们从来不抽烟的人来说，非常好的一项政策。

例 72 可我却觉得吸烟是自私自利的行为，甚至一种"谋杀行为"。

例 73 "安乐死"是一种选择，我们应该具有的权利。

上述五例都遗漏了动词"是"。这些遗漏偏误多发生在副词、连词和插入语后，另外，小句承前省略主语时也容易出现遗漏"是"的情况。

韩日学习者"归类义"的习得情况见表6-6。

表 6-6　韩日学习者"归类义"的习得情况

句式	正确	遗漏	内部偏误	总计	正确率
S＋是＋宾语	1 109	121	87	1 317	84.2%

4. 肯定义

表"肯定义"的"是"字共出现 173 个，其中 146 个为正确用例，正确率为84.5%；内部偏误为 17 个，遗漏用例为十个。与此语义类型相关的句式主要分为两类。第一类"是"重读，用以肯定前边的话，所肯定的一定是已知信息，句式为"S＋是＋形容词/动词（短语）"。例句如下：

例 74 虽然她对我的教育方法是粗暴一些，但还是很慈爱的母亲。

例 75 这样的确是让人觉得不愉快。

例 76 医疗技术的发展是很好，但我觉得有时候它的用法太过分了。

此类句式共有 23 个用例，其中 21 例为正确用例（例句见上述三例），遗漏用例和内部偏误各为一个。遗漏用例和内部偏误用例如下：

例 77 还有有些人就喜欢某个歌星，不是喜欢他唱的流行歌曲。

例 78 绿色食品是当然对身体好，但价格有点儿贵。

例 77 遗漏了"是"，可以修改为"还有有些人就是喜欢某个歌星，不是喜欢他唱的流行歌曲"。例 78 为语序错误，可以修改为"绿色食品当然是对身体好，但价格有点儿贵"。

第二类"是"不重读，"是"后面的动词短语或形容词短语重读。句式是"S＋是＋形容词/动词短语。"正确用例如下：

例 79 它实在是太冷酷了。

例80　我的先生是又抱又背，害得他疲惫不堪……

例81　我是多么的辛苦，多么的劳累啊！

此类句式共有 150 个用例，其中 125 例为正确用例（例句见上述三例），15 例为内部偏误，十例为遗漏用例。内部偏误用例如下：

例82　对于安乐死是否可取也是众说纷纭。

例83　学习两年的汉语和哲学，就考上研究生，是真不简单。

例84　这是对人类多么的危险呢？

例 82 为缺少主语，可以修改为"对于安乐死是否可取人们也是众说纷纭"。例 83 为语序错误，可以修改为"学习两年的汉语和哲学，就考上研究生，真是不简单"。例 84 为语序错误，可以修改为"这对人类是多么的危险呢"。缺少主语和语序错误有 14 例，占了此类偏误的 93%。

遗漏偏误用例如下：

例85　还有在全世界生产的平均产量并不不足。有的地方的粮食充足得很，浪费的地方也有。

例86　她们跳得很开心，没有尽义务的感觉，真心欢迎我们。

例 85 "不"后遗漏了"是"，可以修改为"还有在全世界生产的平均产量并不是不足。有的地方的粮食充足得很，浪费的地方也有"。例 86 可以修改为"是真心欢迎我们"。

韩日学习者"肯定义"的习得情况见表 6-7。

表 6-7　韩日学习者"肯定义"的习得情况

句式	正确	遗漏	内部偏误	总计	正确率
"是"重读	21	1	1	24	87.5%
"是"轻读	125	10	15	150	82.3%
总计	146	11	16	174	82.9%

5. 描写说明义

此类"是"字句是宾语从某个方面对主语加以说明，主语和宾语不相应。这是汉语特有的句式。语料里出现比较多的是说明时间、说明价钱、说明天气、说明关系、说明情况等。句式结构是"S＋是＋宾语"。表"描写说明义"的此类"是"字句共出现 118 个，其中 89 个为正确用例，内部偏误为 13 个，遗漏用例为 16 个。正确用例如下：

例 87　我们是双胞胎姐妹。

例 88　人们对这个问题的看法是"仁者见仁，智者见智"。

例 89　例如普通的西红柿是一百日元。

例 90　尤其是我父亲的机关是邀请发展中国家的优秀人员来日本……

例 91　所以家长都是望子成龙，望女成凤。

例 92　今天已经是五月份了。

例 93　冬天是零下十度，而夏天却是火热的四十度。

内部偏误用例和遗漏用例如下：

例 94　这就是九三年的九月。

例 95　现在的城市家庭成员一般都是三口之家，跟以往比较，人口少多了。

例 96　那时已经几个月前了。

例 94 动词"就是"错误，可以修改为"这是九三年的九月"。例 95 主宾语不搭配，可以修改为"现在的城市家庭一般都是三口之家，跟以往比较，人口少多了"。例 96 遗漏了"是"，可以修改为"那已经是几个月前了"。

除此之外，表比喻关系的"是"字句也可以归为"描写说明义"。此类"是"字句的主语是被说明的本体事物，宾语是用来打比方的喻体事物，用"是"构成暗喻。正确用例如下：

例 97　食品是我们的调味品，也是止痛剂。

例 98　进而言之，如今音乐是一种语言。

例 99　我现在真的觉得人生是一条很不简单的路。

表"比喻关系"的此类"是"字句共出现 42 个，其中 35 个为正确用例，内部偏误为四个，遗漏用例为三个。

内部偏误和遗漏用例如下：

例 100　可是，歌并不是人的一切而是生活中的一部分，是在某个意义上一种游戏。

例 101　吸烟可以说是发作时间比较慢的自杀剂。

例 102　这样，流行歌曲对我来说不可不在的朋友之一。

例 103　据有些拥护吸烟的人说，它不仅能人们消除忧虑、压力，而且给他们很大程度上的精神安慰，简直可以说一种万病痛药。

例 100 为语序错误，可以修改为"可是，歌并不是人的一切，而是生活中的一部分，在某个意义上是一种游戏"。例101主宾语不搭配，可以修改为"烟可以说是发作时间比较慢的自杀剂"。例102遗漏"是"，可以修改为"这样，流行歌曲对我来说是不可不在的朋友之一"。例103遗漏"是"，可以修改为"简直可以说是一种万病痛药"。上述两例遗漏都是发生在插入语之后。

韩日学习者"描写说明义"的习得情况见表6-8。

表6-8 韩日学习者"描写说明义"的习得情况

句式	正确	遗漏	内部偏误	总计	正确率
描写说明情况	89	16	13	118	75.4%
表比喻关系	35	3	4	42	82.3%
总计	124	19	17	160	77.5%

6. 说明解释义

"说明解释义"用于说明原因目的等。表"说明解释义"的"是"字句共出现229个，其中179个为正确用例，正确率为78.2%；内部偏误用例为33个，遗漏用例为17个。

与此义相关的句式主要有三类。第一类是说明原因、目的，"是"后常常有"为了、因为、由于"等词语。例句如下：

例104 这是因为与其受到痛苦活下去，还不如去世。

例105 但是这不是出于爱孩子，是希望可以因为孩子多分到一点儿钱。

例106 有的人是为了减轻生活上的压力。

这类句式语料中共出现了160例，其中129例正确（例句见上述三例），正确率为81%；11例遗漏偏误，20例内部偏误。遗漏用例和内部偏误用例如下：

例107 我觉得这些由于我离开父母在异国他乡独自生活。

例108 但医生为了让他生存（并不是让他治病）进行治疗。

例109 如今中国正在更加迅速发展，这也因为是消失"三个和尚没水喝"的现象。

例110 我认为吸烟行为是一种"疾病"。是因为一旦习惯于吸烟，其欲望纠缠不休，难以摆脱。

前两例都是遗漏了动词"是"。例109为语序错误，可以修改为"如今中国正在更加迅速发展，这也是因为'三个和尚没水喝'的现象消失了"。例110 缺少主语，可以修改为"我认为吸烟行为是一种'疾病'。这是因为一旦习惯于吸烟，其欲望纠缠不休，难以摆脱"。

第二类是对某种情况做出解释，例句如下：

例111 我只剩下一年的时间了，我是明年毕业嘛。

例112 这里说的责任不单单是抚养孩子。

例113 其实人们并不是要他们完全戒掉，而是要（他们）在公共场所内不吸烟。

此类"是"字句语料中共出现64 例，其中46 例正确（例句见上述三例），正确率为71.8%；五例为遗漏偏误，12 例为内部偏误。遗漏用例和内部偏误用例如下：

例114 她正吃了这些食品，导致生出畸形幼儿。

例115 这并不是要多用它们，要保证适量地用。

例116 旅游是不仅看美好的景色。

例117 我爸爸说："高毅，我不是生你扔掉东西的气，而我生你骗我的气。"

例114 遗漏了动词"是"，可以修改为"她正是吃了这些食品，导致生出畸形幼儿"。例115 也是遗漏了动词"是"，可以修改为"这并不是要多用它们，是要保证适量地用"。例116 为语序错误，可以修改为"旅游不仅是看美好的景色"。例117 为连词错误，可以修改为"我爸爸说：'高毅，我不是生你扔掉东西的气，而是生你骗我的气'"。

在此类偏误用例中，偏误的具体表现跟其他"是"字句基本一致，其中有一个较为突出的现象是在"不是……，而是……"句中，连词"而是"容易错用为"而"或者"就是"，13 个内部偏误中有六个是此类偏误，占了将近50%。

第三类是表解释的无主句。在这种无主句中，"是"前边没有主语，后边紧跟的名词性词语充当"是"的宾语，形成了一个动宾短语，"是"的宾语是后边动词的主语。例句如下：

例118 自古以来都是有教养的父母亲才能养出有礼貌有才华的孩子。

例119 原来是后边男人抽的烟碰到了我的手。

例120 国家派了有名的医生和科学家，通过几年的研究发现，是村里工厂排出的水污染了周围的农物。

此类"是"字句语料中共出现五例,其中四例为正确(例句见上述三例),一例为遗漏偏误,无内部偏误用例。遗漏用例如下:

例121 因为,在大多数的家庭,父母来养孩子。

此例遗漏了动词"是",可以修改为"因为,在大多数的家庭,是父母来养孩子"。

韩日学习者"说明解释义"的习得情况见表6-9。

表6-9 韩日学习者"说明解释义"的习得情况

句式	正确	遗漏	内部偏误	总计	正确率
说明原因目的	129	11	20	160	81%
对情况做出解释	46	5	13	64	71.8%
表解释的无主句	4	1	0	5	80%
总计	179	17	33	229	78.2%

7. "是"前后用相同的词语

此类"是"字句有两类。第一类表让步,有"虽然"的意思,后边的分句常常有"可是、但是"等词语。此类句式在语料中共出现三个用例,均为正确用例。例句如下:

例122 我认为采取安乐死可以是可以,但是我认为一定要(有)条件。

例123 有是有这样慈悲的人,但是极少。

例124 这个故事虽然是个故事,可是在这个世界上应该有类似的事情。

第二类是肯定主语就是宾语所代表的那一类。这类句子"是"前后的词语是一样的,为了强调确认的语义,"是"前常用副词"就、仍然、毕竟"等词语,且这些词语要重读。此类句式在语料中共出现六个用例,均为正确用例。例句如下:

例125 但法律就是法律,必须遵守,没有也不需要理由。

例126 松脂仍然是松脂。

例127 高中毕业毕竟是高中毕业,比我晚入公司的人的工资常常比我高。

韩日学习者"'是'前后用相同的词语"的习得情况见表6-10。

表 6－10　韩日学习者 "'是'前后用相同的词语" 的习得情况

句式	正确	遗漏	内部偏误	总计	正确率
表让步义	3	0	0	3	100%
肯定主语就是宾语所代表的那一类	6	0	0	6	100%
总计	9	0	0	9	100%

（五）韩日学习者 "是" 字句各语义类型的总体习得情况

为了更直观、清楚地显示各语义类型的习得情况，列表进行统计，见表 6－11。

表 6－11　韩日学习者 "是" 字句各语义类型的习得情况①

语义类型		总计	正确	遗漏	内部偏误	正确率	使用频率	正确使用相对频率
存在		13	10	2	1	76.9%	2.68	0.26
等同	S＋是＋宾语	1 238	1 124	64	50	91%	400.69	44.4
	S＋就是＋宾语	323	232	2	89	71.8%		
	"的" 字短语＋（就）是＋宾语	378	359	9	20	94.9%		
	总计	1 939	1 705	75	159	88%		
归类		1 317	1 109	121	87	84.2%	271.19	28.9
肯定	"是" 重读	23	21	1	1	87.5%	35.78	3.8
	"是" 轻读	150	125	10	15	82.3%		
	总计	173	146	11	16	84.5%		
描写说明	描写说明情况	118	89	16	13	75.4%	32.89	3.2
	表比喻关系	42	35	3	4	82.3%		
	总计	160	124	19	17	77.5%		

---

① 使用频率＝使用数量/总字数（483 409）×10 000，单位为万分之；正确使用相对频率＝个数/3 840×100，单位为百分之。

续表

语义类型		总计	正确	遗漏	内部偏误	正确率	使用频率	正确使用相对频率
说明解释	说明原因目的	160	129	11	20	81%	48.34	4.7
	对情况做出解释	64	46	5	13	71.8%		
	表解释的无主句	5	4	1	0	80%		
	总计	229	179	17	33	78.2%		
"是"前后用相同的词语	表让步义	3	3	0	0	100%	1.86	0.2
	肯定主语就是宾语所代表的那一类	6	6	0	0	100%		
	总计	9	9	0	0	100%		
总计		3 840	3 282	245	313	77.9%	792.28	85.5

从表6-11可见，全部"是"字句的使用正确率是77.9%，"是"字句的整体习得情况不太理想。"表存在义、S+就是+宾语、描写说明情况、对情况做出解释"四种句式的使用正确率都在77%以下，因此，我们认为韩日学习者"是"字句的这些句式出现了化石化倾向。

具体到每个语义类型，如表6-11所示，"等同义"的"是"字句使用频率最高，为万分之400.69；其次为"归类义"，为万分之271.19。以语义类型为分类标准，使用频率由高到低依次是：等同义（400.69）、归类义（271.19）、说明解释义（48.34）、肯定义（35.78）、描写说明义（32.89）、存在义（2.68）、"是"前后用相同的词语（1.86）。邢红兵等（2005）发现，中国母语者"是"字句的使用频率由高到低分别是等同、归类、说明解释、描写说明、比喻、存在、主宾语相同、"是"重读。虽然本书跟邢的研究分类不完全一样，但仍从中发现韩日学习者"是"字句各语义类型的使用频率跟中国母语者的使用频率高度一致。

从正确使用相对频率来看，如表6-12所示，"等同义"的"是"字句正确使用相对频率最高，为44.4%；其次为"归类义"，为28.9%。各语义类型正确使用相对频率由高到低依次是等同、归类、说明解释、肯定、描写说明、存在、"是"前后用相同的词语。

由上可见，韩日学习者"是"字句各语义类型的使用频率和正确使用相对频率的趋势高度一致，因此可以推断出其习得顺序基本跟正确使用相对频率一致，依次为表等同、表归类、表说明解释、表肯定、表描写说明、表存在、"是"前后用相同的词语。[①]

由于"是"字句的语义类型所对应的句法形式不一，因此，同一语义类型内部各句式的习得情况也存在差异。也就是说，同一语义类型内部各句式的习得存在不平衡现象。

（六）综合分析

（1）韩日学习者"是"字句的总体习得情况不太理想。不同的语义类型的习得不平衡，同一语义类型内部各句式的习得情况也存在差异，"表存在义、S＋就是＋宾语、描写说明情况、对情况做出解释"四种句式的使用正确率都在77％以下，我们认为"是"字句的这四种句式出现了化石化倾向。

（2）在所有的错误用例中，泛化偏误的比例最高，其次是内部偏误，再次是遗漏偏误。泛化偏误中"是……的"句错用为"是"字句最多，其次是在动词或形容词前误加"是"。内部偏误中问题最多的是语序错误、缺少主语、主宾语不搭配等，另外，"'的'字短语＋是＋宾语"中"的"字短语出现了较多的错误。遗漏偏误中动词"是"前有副词、连词或插入语、小句承前省略主语时，学习者常常容易遗漏"是"。

（3）学习者获得的证书等级越高，"是"字句的习得越好。

（4）基于各语义类型的使用频率和正确使用相对频率，我们认为韩日学习者"是"字句的习得顺序依次为等同、归类、说明解释、肯定、描写说明、存在、"是"前后用相同的词语。

四、"是"字句的偏误原因分析

近年来，关于中介语偏误产生的原因，学界多从语言迁移、目的语规则泛化、教学、学习策略、交际策略等方面进行分析。本书针对本研究中提到的典型偏误，一一寻找产生偏误的可能原因。

典型偏误一："是"字句和"是……的（二）"句混用。众所周知，"是"字句和"是……的（二）"句是两种不同的句式，而韩日学习者却在使用中

---

① 此种"是"字句的用例全部正确，但不能因此就认为学习者已经完全习得了该语义类型，因为此类用例数量太少，只有九例。

出现较多的混用现象,我们认为这是由于学习者对目的语规则掌握不足引起的。目的语规则的掌握跟我们的教学和使用的教材有着密切的关系。以北京语言大学出版社出版的《汉语教程》为例,"是"字句的出现不全面系统、呈零星分布状态,并且很多句式并未作为语法点来进行讲解,只是在课文练习中出现。而汉语教学是建立在教材的基础上,以教材作为基本的脚本进行的。"是……的(二)"句则没有专门作为语法点讲解过。教材中存在这样的缺陷,如果教师跟着教材亦步亦趋的话,教学中就很难涉及上述两类句式使用时的不同,学习者就很难建立起两种句式的正确使用规则,在使用中出现混用是在所难免的。

典型偏误二:不表示"肯定义"时使用"是+形容词性结构"。一般来说,汉语中性质形容词不能单独做谓语,张伯江(2011)认为,性质形容词做谓语时要借助框架"是……的"、程度性成分和相应的形态手段。韩日学习者的作文中出现了大量的"是+形容词性结构"的用法。据考察,我们发现韩语、日语中的形容词谓语句中的形容词后常常有其他成分,这个其他成分相当于汉语的"是",因此,我们推测韩日学习者在形容词谓语句中误加"是"是受了母语的影响,因而可以说此类偏误是学习者母语的负迁移造成的。

典型偏误三:在副词、连词、插入语、小句承前省略主语时后边常常遗漏"是"。我们赞成王兴燕(2013)、魏洪艳(2012)的研究,认为韩日学习者出现此类偏误是受母语的影响。韩语和日语都是粘着语,而汉语是孤立语,汉语的基本语序是主语+谓语+宾语,基本没有形态变化;而前者的基本语序是主语+宾语+谓语,形态变化多样。学习者在学习汉语时,一方面学习跟母语有着极大差异的汉语的新规则,另一方面要极力克服母语本身的干扰,常常会顾此失彼,从而出现上述错误。

五、教学对策

(1)研究发现,学习者常将"是"字句和"是……的(二)"句混用,特别是将"是……的(二)"错用为"是"字句。因此,在教学中要加强两种句式的区分。刘月华等(2001)中认为,"是……的(二)"句多用来表示说话人对主语的评议、叙述或描写,全句往往带有一种说明情况、阐述道理、想使听话人接受或信服的肯定语气。因此,教学中应跟学生强调要表示上述语义时用"是……的（二）"句，而非"是"字句。

（2）学习者误加"是"字的偏误较多，因此，教学中要明确"是＋谓词性结构"的使用条件。根据分析，我们发现"解释原因和目的、对主语进行解释说明"常用"是＋动词性结构"。同时明确告诉学生汉语中的性质形容词做谓语时的条件，强调除表示"肯定义"以外，前边不能直接加"是"，而应该用"是……的"句，或者前加程度性词语。

（3）内部偏误是学习者偏误较多的一个类型。这类偏误是学习者根据语境使用了"是"字句，但是句子的结构出现了这样那样的问题，问题最多的是语序错误、缺少主语、主宾语不搭配等。因此在"是"字句的教学中，结构形式也是应该加强的。另外，"缺少主语"的偏误中很多偏误是句子衔接时出现的问题。以"可是有一个人反对我。就是铃木同学"为例，这已经不只是"是"字句的问题了，而是篇章衔接的问题。因此，进行"是"字句教学时也应加强篇章的教学。

（4）学习者在副词、连词、插入语、小句承前省略主语时后边常常遗漏"是"，因此，教学时要加以强调。

（5）鉴于"是"字句主宾语语义关系复杂，且句式结构和语义关系不一一对应，因此，教学中要加强"是"字句主宾语语义关系及其对应的句式结构教学。

（6）教材编写方面，已有的研究发现"是"字句在现有教材中的呈现分散且不系统，因此，在教材编写时要参照已有的研究结果，以形式或者语义类型或者两者相结合为标准，按照学习者的习得顺序或者各个下位语法点的难易程度，科学有序全面地呈现出来。根据本书的研究，"是"字句在教材中的呈现顺序按语义依次为等同、归类、说明解释、肯定、描写说明、存在、"是"前后用相同的词语。因为各语义类下有几种具体句式，且它们的习得难度也不一样，所以编写教材时也应考虑。

第七章

韩日背景高级汉语学习者 "是……的" 句的习得

一、研究综述

据统计，1992—2005 年高等汉语水平考试（HSK 高等）作文考试中各种句式偏误情况见表 7 - 1。

表 7 - 1 HSK 动态作文语料库句式偏误统计①

序号	句式	偏误频次	偏误频率
1	"是……的"句	2 629	166. 003 662 309 781
2	"是"字句	1 427	90. 105 449 264 380 9
3	"把"字句	585	36. 938 814 169 350 3
4	"有"字句	555	35. 044 516 006 819 5
5	兼语句	440	27. 783 039 717 118 1
6	"被"字句	297	18. 753 551 809 054 7
7	形容词谓语句	155	9. 787 207 173 075 71
8	"比"字句	145	9. 155 774 452 232 11
9	双宾句	66	4. 167 455 957 567 72
10	连动句	23	1. 452 295 257 940 27
11	"连"字句	15	0. 947 149 081 265 391
12	存现句	1	0. 063 143 272 084 359 4

从表 7 - 1 可以看出，"是……的"句的使用偏误高居汉语学习者句式偏误之首，是对外汉语教学中非常值得重视和研究的一种句式。相应地，相关的研究也一直不断，与对外汉语教学实践的结合也越来越密切。

（一）"是……的"句的本体研究

对"是……的"句的本体研究，主要是从以下几个方面进行的：

1. 对"是"和"的"的词性和功能的研究

早期的学者受英语语法的影响，倾向于把"是"看作同英语的"be"一样的系词，起到联系作用。也有的学者，比如朱德熙、黄伯荣和廖序东等先生将其看作动词中的"判断动词"，起到判断作用。石毓智（2001）则认为

---

① 数据来源：崔希亮：HSK 动态作文语料库，http：//202. 112. 195. 192：8060/hsk/tongji2. asp，统计 > 错误信息汇总。

现代汉语有两个来源的"是":一个来源于古代汉语的复指代词"是",是判断动词;另一个来源是古代汉语的"实",是语气副词。关于"是"的功能,石毓智(2005)列出了四种,即判断、强调、焦点标记和对比,并指出后三者都是来自其原来的判断用法。徐杰(2003)和熊仲儒(2007)认为"是"是"焦点标记词",作用是标记句子的焦点。也有的研究者认为"是……的"句中的"是"是语气副词,还有的认为是助词。

关于"的",朱德熙(1961)认为"是……的"句中的"的"有三种:结构助词、动态助词和语气词。赵淑华(1979)认为不管"的"放在动词后边还是句子末尾,都是动态助词。木村英树、陆丙甫、袁毓林、石定栩等学者都对"的"的词性和功能提出了有影响力的看法,总的来说,有主张将"的"的三种词性和功能统一为一种的,也有主张细分的。

2. "是……的"句的界定和分类

关于什么是"是……的"句、有哪几类,一直都有争论。光是对"是……的"句的称呼,就有"是……的"结构、"是……的"句、"是……的"句式、"是……的"格式等各种说法,本书按照目前比较通行的说法,称之为"是……的"句。

关于"是……的"句的分类,主要有两种观点:一是主张取消"是……的"句这种说法,认为实际上都是"是"字句,以杨石泉(1997)为代表,其源头是朱德熙先生;二是主张将"是……的"句同"是"字句分开。后者主要又有两分法和三分法,主张三分法的学者以赵淑华(1979)为代表,把以"的"字短语做宾语的"是"字句也划入"是……的"句式;更多的学者则主张两分法,以吕必松(1982)、刘月华(1983、2001)、王还(1995)等为代表,主张把"是……的"句分为"是……的"句(一)和"是……的"句(二)。本书采取二分法的观点。

3. 其他相关研究

比如"是……的"句的时体特征研究、"是……的"句的宾语位置研究、"是……的"句的焦点的表达手段、"是……的"句的话语功能分析、"是……的"句的歧义研究、"是……的"句中"是"和"的"的省略问题、"是……的"句相关的频度研究,等等,限于篇幅,此处不再展开介绍。

(二)"是……的"句的习得研究

1985 年,陆俭明、马真在其著作《现代汉语虚词散论》中最早提出

"是……的"句是对外汉语教学中常碰到的问题，并举了一个真实的教学案例：两个形式上完全一样的句子，使用上却完全相反——一个可以用"是……的"句，另一个却不能用"是……的"句：

（1）他这样做是合情合理。

（2）他这样做是偏听偏信的。

施家炜（1998）在《外国留学生22类现代汉语句式的习得顺序研究》中，考察了外国学生对"是+时间状语+动词+的"和"是+形容词短语+的"两种格式的习得顺序，认为后者比前者晚习得。

谢福（2008）在其硕士论文《外国留学生"是……的"句的习得研究》中，通过中介语语料库和调查问卷详细地进行了"是……的"句的偏误分析，系统地研究了"是……的"句的习得情况。此后，"是……的"句的偏误分析和习得研究不断细化和深入，尤其是最近几年，几乎每年都有研究"是……的"句习得问题的学位论文，甚至同一年会出现好几篇。

本书拟在借鉴前人成果的基础上，基于大规模语料库对高级水平韩日汉语学习者"是……的"句进行全面考察，从而为"是……的"句的对外汉语教学提供借鉴。

二、"是……的"句的分类

本书按照比较通行的二分法，把"是……的"句分为"是……的"句（一）和"是……的"句（二），再进一步细分出各自的下位句式。

（一）"是……的"句（一）及其下位句式

刘月华（2001）认为，"是……的"句（一）是一种带"是……的"标志的动词谓语句，主要用于这样的场合：动作已在过去发生或完成，并且这一事实已成为交际双方的共知信息（已知信息）。使用"是……的"句（一）时，说话人要突出表达的重点（也就是全句的表达焦点）并不是动作本身，而是与动作有关的某一方面，如时间、处所、方式、施事、受事等。"是……的"格式是这种动词谓语句的标志，标志词"是"的作用是指明它后面的成分是全句的表达焦点，标志词"的"的功能是表明谓语动词所表示的动作已在过去发生或完成。①

综合各家的观点和实际的语料情况，本书把"是……的"句（一）分为五种下位句式，同时为方便叙述和理解，每一类都取一个带有关键字的简称，并在后面的行文中用这些简称代替。这五种下位句式如下：

1. "S1 状"——主语 + 是 + 状语 + 动词 + 的

对比焦点是作为状语的时间、处所、方式、条件、目的、对象、工具等。例如：

例 1　那本教材是<u>1958 年</u>编写的。

例 2　我们是<u>坐公共汽车</u>去的。

2. "S2 施"——受事 + 是 + 主谓短语 + 的

对比焦点是主谓短语里的施事。例如：

例 3　我的一切都是<u>祖国和人民</u>给的。

3. "S3 主"——是 + 主谓短语 + 的 + 宾语

对比焦点为主谓短语里的主语。例如：

例 4　是<u>你</u>引诱的我！

例 5　是<u>谁</u>把信寄走的？

4. "S4 受"——主语 + 是 + 动词 + 的 + 受事宾语

对比焦点是做宾语的受事。例如：

例 6　昨天晚饭我是吃的<u>馒头</u>，不是吃的<u>米饭</u>。

例 7　我骑的<u>摩拜</u>，不是<u>OFO</u>。

5. "S5 因"——状态/状况 + 是 +（动宾短语/施事）+ 动词 + 的

对比焦点是一种行为或情况，而这一行为或情况是引起某种结果的原因，这个"某种结果"就是充当句子主语的状态或状况，是已知信息；"是"和"的"之间的"动宾短语/施事 + 动词"就是作为对比焦点的行为或情况，其中，动宾短语或施事有时可省略，但动词决不能省略，而且要重读。例如：

例 8　我这难看的脸色都是<u>吃药吃</u>的。

例 9　她脸红恐怕是<u>海风吹</u>的。

例 10　……赵春生嘟囔着说："他那是<u>冻</u>的！"

---

① 刘月华，潘文娱，故韡．实用现代汉语语法［M］．增订本．北京：商务印书馆，2001：762－781.

（二）"是……的"句（二）及其下位句式

"是……的"句（二）是指带"是……的"标志的一部分动词谓语句和形容词谓语句。"是"和"的"都表示语气。这类句子多用来表示说话人对主语的评议、叙述或描写，全句往往带有一种说明情况、阐述道理、想使听话人接受或信服的肯定语气。[①]

综合各家观点和实际的语料情况，本书把"是……的"句（二）分为以下五种下位句式：

6. "S6 能愿"——主语 + 是 + 能愿动词 + 动词/动词短语 + 的

例句如下：

例 11　我军历来主张要艰苦奋斗，<u>要成为模范</u>的。

例 12　这件事情是<u>能解决</u>的。

7. "S7 可能"——主语 + 是 + 动词 + 可能补语 + 的

这包括前面有表可能和确定的词语，比如"能、可以、一定、肯定、绝对"等的；以及动补结构带宾语的，比如"学不好汉语"等。例如：

例 13　善意、恶意，不是猜想的，是<u>可以看得出来</u>的。

例 14　只要努力，汉语是<u>一定学得好</u>的/是<u>一定学得好汉语</u>的。

8. "S8 形短"——主语 + 是 + 形容词短语 + 的

例句如下：

例 15　猴子是<u>很聪明</u>的。

例 16　他们的文化生活是<u>相当丰富</u>的。

9. "S9 其他短"——主语 + 是 + 其他短语 + 的

"是"和"的"中间是除了上述三种短语外的其他短语，比如状中短语、动宾短语、主谓短语、固定短语（或固定结构）等。统计中还发现了复句成分，本书也归入"其他短语"。例如：

例 17　这个问题，我们也是<u>很注意</u>的。

例 18　他对你是<u>诚心诚意</u>的，你可别冤枉他。

例 19　无论做什么，都是<u>只有努力才能做好</u>的。

10. "S10 词"——主语 + 是 + 单个的词 + 的

例句如下：

---

① 刘月华，潘文娱，故韡. 实用现代汉语语法［M］. 增订本. 北京：商务印书馆，2001：771.

例 20 他心里是<u>透亮</u>的。

例 21 我们面前的困难是<u>有</u>的，而且是很多的。

因为"是……的"句（二）的否定一般是在"是……的"中间使用带否定形式的词语，所以类似"这么做是不对的"之类的句子，"是"和"的"之间由单个的词前加否定词构成，统计时归入"S10 词"，不归入"S8 形短"。这些否定的强调式，比如"是根本不对的""是绝对不行的""是一点儿也不好的"等，只要否定形式后面只有单个的词，就都归入"S10 词"。

三、HSK 动态作文语料库中"是……的"句的习得情况

（一）"是……的"句用例的选取和分析的总体原则

鉴于"是……的"句牵扯到"是"和"的"两个词，而这两个词在某些情况下是可以省略的，因此，在语料的选取上，先把语料库中含有"是……的""……的"和"是……"，并且疑似"是……的"句的句子找出来，然后第一步把其中"是……"中的"是"字句剔除出去，比如：

例 1 人们对这个问题的看法是"仁者见仁，智者见智"。

第二步把"是" + "的"字短语构成的"是"字句剔除出去，比如：

例 2 他们每天听到的，或者感觉到的东西都是人工制造的，他们很愿意感觉到自然的一切。

例 3 每天死亡的人中，最多的是因吸烟发病的。

第三步把常用的"……的"结构剔除出去，比如形容词的重叠式（慢慢的、漂漂亮亮的）、"ABB 的"式（黑乎乎的、慢悠悠的）、"AABB 的"式（咋咋呼呼的、神神道道的），等等。

最后剩下的作为"是……的"句处理，进行分析统计。

在辨别一个疑似"是……的"句到底是"是" + "的"字短语构成的"是"字句，还是真正的"是……的"句时，基本上采用的是刘月华（2001）在其《实用现代汉语语法》中提出的方法，并调出语料的原始材料结合其前后文语境细加考察，最大限度减少误判。

通过上述方法，一共找出 1 303 个包含"是……的"句用例的句子，其中有的句子可能会同时用到两个甚至三个"是……的"句式，例如：

例 4 凡人们认为自然是无限度的，但这是不对的，自然明明是有限的。

例 5 对我来说，我是很喜欢在路上抽烟的，不过很少把烟头扔在路

边的。

这两个句子分别用了三个和两个"是……的"句,此类句子在分析时则按多个用例处理,所以实际上一共有 1 348 个"是……的"句用例。

考生所写的句子中,可能会存在各种各样的问题,比如错别字、标点符号错误、用词错误、其他句式错误等。由于我们的研究对象是"是……的"句,因此,在分析时只关注句子中"是……的"句的偏误情况,而忽略其他错误和偏误;展示例句时,则改正其中的标点符号错误,以及汉字书写方面的问题,比如繁体字、异体字、错别字等,其他方面的问题包括重复、词序错误、词语用法错误、其他句式的错误、逻辑错误等,都原样保留;分析偏误时只分析"是……的"句相关的偏误,其他的错误和偏误则仅改正,不分析。例如:

例6 所有的关系从关心造出来的。

例7 因此在粮食的生产过程中"绿色食品"更具重要位置的。

例8 现代的市场规模非常大,所以每个产品需要产出与众不同的产品,绿色食品也是这样一来产生的的,而选的是应该消费者。

例6如果把所有其他问题都改正以后,应该是"所有的关系都是从关心产生出来的",仅从"是……的"句的角度分析,则其偏误属于缺"是"。例7应该说成"因此在粮食的生产过程中,'绿色食品'是更具重要性的",其偏误类型也属于缺"是"。例8应该说成"现代的市场规模非常大,所以需要生产出市场定位不同的产品,绿色食品也是这样生产出来的,而做出选择的应该是消费者",虽然别的方面问题比较多,比如"……一来"的误用、"是……的"句尾"的"字的重复等,但都跟"是……的"句的习得无关,其"是……的"的使用是没有问题的,故将该句归入"是……的"句使用正确。

(二)"是……的"句的使用整体表现分析

对 1 348 个"是……的"句用例,首先分出正确与偏误两大类。正确与偏误的判断主要依靠母语使用者的语感,为了避免个人的语感带来的判断偏差,我们首先参考了语料库本身所做的偏误标注,同时请项目组的其他成员做出预判,在此基础上再进行分析。

偏误用例分为泛化、遗漏和内部偏误三类,然后进一步区分小类。

"是……的"句三类偏误具体的操作性定义如下:

1. 泛化

泛化指的是虽然使用了"是……的"句，但根据其所在的语境，母语使用者一般不使用"是……的"句。比如：

例 1 那么难道要为大力发展生产的需要而忽略了广大人民的健康吗？显然是"不"的。（应说成"……，答案显然是'不'"）

2. 遗漏

遗漏指的是遗漏了"是……的"句的形式标志，包括遗漏"是"和遗漏"的"两种。比如：

例 2 "绿色食品"的生产成本的降低也需要研究的。（应说成"……也是需要研究的"）

3. 内部偏误

内部偏误指的是根据语境和母语者的语感可以使用"是……的"句，且使用者也使用了"是……的"句，但存在同"是……的"句使用相关的问题，包括三种情况：

其一是"是"字错序，指的是"是"在句中的位置错误，例如：

例 3 听流行歌曲能解放思维，是在一生中很必要的。（应说成"……，在一生中是很必要的"）

其二是否定不当，指的是不符合"是……的"句的否定格式，例如：

例 4 但从这一段传说看出来的三个和尚的实质不一定是适合宗教界的。（应说成"……三个和尚的实质是不一定适合宗教界的"）

其三是其他偏误，指的是除前两小类外的其他内部偏误。例如：

例 5 我们经常说"与时俱进"，抽烟问题也是应该的。（应说成"……，抽烟问题也是应该如此的"）

有的"是……的"句用例，脱离语境孤立看和结合语境来看，可能会得出不同的结论，比如：

例 6 我现在是喜欢音乐本身的，但是，青少年的时候，歌手比他们的歌曲更喜欢，我也几乎达到了痴迷的程度。

句子的开头孤立来看似乎是正确的"是……的"句，但调出原始材料结合上下文仔细揣摩作者的意思后发现，其实应该用"是"字句——"我现在是喜欢音乐本身"或"我现在喜欢的是音乐本身"。因此，本书对句子进行偏误分析时都是结合原始材料的上下文进行的。

韩日高级水平汉语学习者"是……的"句整体使用表现见表7-2：

表7-2 韩日高级水平汉语学习者"是……的"句整体表现①

汉语水平	偏误类型	偏误数量	偏误总量	偏误占比
C级（9级）	正确	444	671	66.17%
B级（10级）		475	638	74.45%
A级（11级）		34	39	87.18%
ABC 总计		953	1 348	70.70%
C级（9级）	泛化	66	671	9.84%
B级（10级）		44	638	6.90%
A级（11级）		2	39	5.13%
ABC 总计		112	1 348	8.31%
C级（9级）	遗漏	114	671	16.99%
B级（10级）		67	638	10.50%
A级（11级）		2	39	5.13%
ABC 总计		183	1 348	13.58%
C级（9级）	内部偏误	47	671	7.00%
B级（10级）		52	638	8.15%
A级（11级）		1	39	2.56%
ABC 总计		100	1 348	7.42%

从表7-2可以看出，韩日高级水平汉语学习者对"是……的"句的使用整体正确率为70.7%，比较理想，但还有较大的提升空间。

（三）"是……的"句的偏误分析

1. 泛化偏误

出现泛化错误的句子占所有"是……的"句的8.31%，C、B、A三级汉语学习者偏误率分别为9.84%、6.90%和5.13%，随汉语水平的提高逐级递减。

造成"是……的"句（一）和"是……的"句（二）泛化的原因各自不同，而"是……的"句（二）的泛化其细化原因更为复杂。例如：

---

① 表中把"正确"也计入"偏误"的一种，即"零偏误"。

例 1　随着人们文化素质的提高，人们爱好的种类越来越多了，其中有些人的爱好是听流行歌的。

例 2　所以这政策不是浪费的，而是创造财富的。

例 3　时间是无价之宝的。

例 4　饥饿是人们因没有吃的东西而死的。

例 5　最重要的是改变自己的想法，为了别人让步一下，这也是为了自己的。

例 6　我现在能感受到您们对我的爱是有多么的庞大的啊！

例 7　我并不是自我吹嘘的。

例 8　先谈"流行歌曲是否好的"的问题之前，我们得谈一谈音乐的本质：音乐是什么？

例 9　但是一直没有人去抬水的。

例 10　因为他通过歌词批评当时社会的一些不足的，而提倡一些社会重要的要求。

例 11　由于上述的原因，我们正在经历的代沟问题是产生出来的。

例 12　在大学念书时，我的成绩是中等以上的。

例 13　昨天，我在英语学院报了托福课，这门课是从五月份开始的。

例 1 到例 8 都是没有正确地理解"是……的"句（二）的功能而造成的泛化。

例 1 是明显的判断句，"是"是判断动词，其宾语用来说明、介绍主语，但"是……的"句中的"是"则不是判断动词，所以不能用"是……的"句，而应该用"是"字句，可以修改成"……其中有些人的爱好是听流行歌曲"。

例 2 是一种较常见的"是……的"句（二）泛化。在"不是……而是……"这个结构中，"是"很明显用作判断，因此不能使用"是……的"句（二），只能用"是"字句（包括以"的"字短语做宾语的"是"字句），可以修改成"所以这政策不是浪费，而是创造财富"。

例 3 也是一种较常见的"是……的"句（二）泛化。"是……的"句（二）表示"评议、叙述或描写"，因此，"是"和"的"中间一定不能是名词性词语。这里的"无价之宝"是名词性的，整个句子应当用判断句，可以修改成"时间是无价之宝"。

例 4 显然是在下定义（虽然下的定义有问题），而下定义当然是用"是"字句而不能用"是……的"句，可以修改成"饥饿是人们因没有吃的东西而死去"。

例 5 里的"为了"表明句子是说明解释原因或目的，这时应该用"是"字句，不能用"是……的"句，可以修改成"……这也是为了自己"。

例 6 是感叹句，而"是……的"句（二）"多用来表示说话人对主语的评议、叙述或描写，全句往往带有一种说明情况、阐述道理，想使听话人接受或信服的肯定语气"，因此不能用于感叹句，可以修改成"我现在能感受到，你们对我的爱是多么伟大啊"。

例 7 用了"并"来强化否定的语气，而"是……的"句（二）总是具有肯定的语气，所以这儿不能用"是……的"句（二），可以修改成"我并不是自我吹嘘"。

例 8 的泛化也是因对"是……的"句（二）的肯定语气不了解而造成的。"是……的"句（二）语气非常肯定，所以不能用在正反问中，可以修改为"流行歌曲是否好"。

例 9 到例 13 都是片面地理解了"是……的"句（一）的"过去"或"完成"这个特点而造成的偏误：

例 9 原文是谈对"三个和尚没水喝"的看法，虽然这是一个故事，发生在过去，但并没有对比焦点，所以不能用"是……的"句（一），应该修改成"但是一直没有人去抬水"。

例 10 原文是介绍以前的一名韩国歌手，虽然也是发生在过去的事情，但是信息焦点是其所做的事情，而不是状语、主语、施事、受事或原因，在这种情况下，不应该用"是……的"句（一），可以修改为"因为他通过歌词批评当时社会的一些不足，……"。

例 11 原文是在讨论代沟问题，虽然代沟问题已经产生，属于完成状态，但动作本身属于语义焦点，这时候应该用"了"，可以修改为"由于上述的原因，我们正在经历的代沟问题就产生出来了"。

例 12 也是因为误以为只要是过去就可以用"是……的"句（一）而带来的泛化，可以修改成"在大学念书时，我的成绩是中等以上"。

例 13 中虽然有"昨天"，但托福课开课却不在过去，而是在以后，所以不能用"是……的"句（一），可以修改成"昨天，我在英语学院报了托福课，这门课从五月份开始"。

2. 遗漏偏误

此类偏误占所有"是……的"句的 13.58%，在三种类型的偏误中占比最高，高等 C 级汉语学习者此类偏误的偏误率甚至达到了 16.99%。遗漏主要是"是"字的遗漏，占此类偏误的 95.63%。可以看出，学习者基本上了解了"的"是不能单独省略的，但对于什么时候能省略"是"字，还是缺乏足够的认识。例如：

例 14 但孩子的能力也有限的。

例 15 每一个人，特别是那些患者深深地体会到了健康的重要，健康不能用金钱代替的。

例 16 因为这个规定意味着现在能抽烟的地方越来越少了，对吸烟者来说，非常麻烦的。

例 17 我很相信现在的科学技术，一定以后出来的农产品都是利于健康。

例 18 无论化肥对人们身体的影响也不可轻视的，但是饥饿的问题是要首先解决。

例 14 是一种非常常见的"是"字遗漏偏误类型，即当"是"前面有副词的时候，"是"是不能省略的，可以修改为"但孩子的能力也是有限的"。

例 15 是另一种经常省"是"的情况，即当主语是受事时，尤其是在书面语中，这种情况几乎都能不省"是"，可以修改为"……健康是不能用金钱代替的"。

例 16 不但省略了"是"，而且省略了主语，这在书面语中基本都是不行的，可以修改为"……对吸烟者来说，这是非常麻烦的"。

以上都属于遗漏"是"字，而例 17 和例 18 则属于遗漏"的"字，该类偏误共发现八例，占全部遗漏偏误的 4.37%，非常低；再考虑到考生可能只是一时疏忽造成漏写，则此类偏误基本可以忽略。例 17 可以修改为"……以后生产出来的农产品一定都是利于健康的"；例 18 可以修改为"……但是饥饿的问题是要首先解决的"。

3. 内部偏误

内部偏误共包括三种情况，整体统计见表 7 - 3：

表 7-3　韩日高级水平汉语学习者"是……的"句的内部偏误

汉语水平	总量	错序	占比	否定不当	占比	其他	占比
C 级	47	31	65.96%	4	8.51%	12	25.53%
B 级	52	34	65.38%	2	3.85%	16	30.77%
A 级	1	1	100.00%	0	0.00%	0	0.00%
ABC 总计	100	67	67.00%	6	6.00%	28	28.00%

可以看出，"是"字错序是其中最常见的偏误类型，占比接近2/3，很值得重视；其次是其他偏误，占比接近1/3；占比最低的是否定不当，不到6%。内部偏误情况具体分析如下：

其一，"是"字错序。这是最常见的内部偏误。例如：

例 19　现在，我觉得学汉语是还算有意思的。

例 20　在这种角度来讲，我是对安乐死这一问题赞同的。

例 21　这样一个挫折，有的人把它变成绝望，有的人呢变成成功，这是我认为个人的力量而所决定的。

例 22　人的本性是都一样的。

此类偏误大部分发生在"是……的"句（二）中。"是……的"句（二）用来表达说话者的"评议、叙述、描写"，因此，评议、叙述、描写的内容才是语义焦点，而"是"是用来指明语义焦点的，所以应该紧靠在语义焦点的前面。例19可以修改为"现在我觉得学汉语还算是有意思的"；例20可以修改为"……我对安乐死这一问题是赞同的"；例21可以修改为"……我认为这是由个人的力量所决定的"；例22属于另外一种问题，"都"和"是"同现时，"是"应该在"都"的后面，句子可以修改为"人的本性都是一样的"。

其二，否定不当。此类偏误也主要发生在"是……的"句（二）中。"是……的"句（二）全句带有肯定语气，因此其否定一般是在"是"和"的"中间用否定式，但全句还保留着肯定语气。如果不太理解这一点，就会出现错误的否定式。例如：

例 23　没有了生命，什么都不是重要的。

例 24　他们都不是愿意发生这一些事情的，就是地理环境不同，而其他原因下这样过日子的。

例 23 应该改成"没有了生命，什么都是不重要的"；例 24 应该改成"他们都是不愿意发生这一些事情的，……"。

其三，其他内部偏误。出现此类偏误的原因多种多样，例如：

例 25 他是在哪里出生的、上学的？

例 26 关于吸烟对人身体的危害性，可能全世界人心里都很明白，是不好的。

例 27 我是独生子，从小受到父母的关爱长大的。

例 25 的偏误是对"是……的"句（一）的功能理解不够造成的，"是……的"句（一）都有一个对比焦点，是绝对不能省略的，而该用例中"上学"前的对比焦点省略了，造成偏误，应该改成"他是在哪里出生的？是在哪里上学的？"或"他是在哪里出生、上学的？"例 26 是对"是……的"句（二）的功能理解不够造成的，"是……的"句（二）是对"主语"的评议、叙述或描写，但该"是……的"句缺主语，无法形成一个完整的"是……的"句（二），可以改成"……，吸烟是不好的"。例 27 则是杂糅造成的偏误，说话人又想说"从小受到父母的关爱"，又想说"是在父母的关爱中长大的"，结果杂糅到了一起。

（四）"是……的"句各句式的习得情况

在统计"是……的"句的各句式习得情况时，我们首先排除"泛化"用例，因为这些用例本就不应该使用"是……的"句，也就谈不上其下位句式是什么。在剩下的使用"是……的"句的所有用例中，包括正确的和错误的，一共有 1 236 个。"是……的"句各句式的使用情况和习得情况见表 7-4：

表 7-4 "是……的"句各句式的使用情况及习得情况①

句式	数量	占比	使用频率（用例/万字）	正确用例	正确率
"是……的"（一）	144	11.65%	2.98	122	84.72%
S1 状	113	9.14%	2.34	97	85.84%
S2 施	30	2.43%	0.62	24	80.00%
S3 主	1	0.08%	0.02	1	100.0%

---

① 表中"占比"是各句式的用例数同总用例数（1 236）的比例。"使用频率"计算所用的分母是从 HSK 语料库中选取的韩日高级汉语水平学生的作文的总字数，共 48.340 9 万字。

<<< 140 >>>

续表

句式	数量	占比	使用频率（用例/万字）	正确用例	正确率
S4 受	0	0	0	—	—
S5 因	0	0	0	—	—
"是……的"（二）	1 092	88.35%	22.59	831	76.10%
S6 能愿	169	13.67%	3.50	104	61.54%
S7 可能	29	2.35%	0.60	23	79.31%
S8 形短	221	17.88%	4.57	184	83.26%
S9 其他短	350	28.32%	7.24	263	75.14%
S10 词	323	26.13%	6.68	257	79.57%

就使用频率而言，根据谢福（2008）对 140 万字中国人自然语料（《王朔文集》1、2 部及《编辑部的故事》）的统计，共发现"是……的"句 1 193 例，其中各句式的使用情况见表 7 - 5：

表 7 - 5　谢福对中国人自然语料中"是……的"句的统计结果①

句式	F1 状	F2 施	F3 主	F4 因	F6 能愿	F7 可能	F8 形短	F5 动短	总计
数量	435	187	96	5	96	33	126	215	1 193
占比	36.46	15.67	8.05	0.42	8.05	2.77	10.56	18.02	100

除了"S4 受"（因使用频率极低而被排除在谢文的研究对象外）和"S10 词"外，谢文中的八个句式（F1 到 F8）同本书的八个下位句式基本上呈一一对应关系，只是编号稍有不同。为便于比较，本书调整了其排列顺序，同时用能代表句式特点的简称代替了原文中的全称，而其中"F5 动短"大致对应于本书的"S9 其他短"，因为"是……的"句（二）中用于"是"和"的"中间的短语除了形容词性的，基本都是动词性的。至于"S10 词"在本书的统计中非常多而谢文中没有统计此句式，主要是因为本书把否定加上单个的词构成的短语仍算单个的词（原因见前），这一类在谢文中基本上都归入了"F8 形短"和"F5 动短"。把表 7 - 4 同表 7 - 5 对照可以看出，考生对"是……的"句各句式的使用频率同汉语母语者相比，高低排序基本相同：

---

①　根据谢福（2008）的学位论文整理而成，表中的"频率"一律为百分比。原表见于：谢福. 外国学生"是……的"句的习得研究［D］. 上海：上海师范大学，2008：13.

"是……的"句（一）中，"S1 状"使用最频繁，其次是"S2 施"，再次是"S3 主"，最后是"S5 因"，且频率都是急剧下降，"S5 因"则降到了零或接近于零。"是……的"句（二）中，使用频率最高的是"S9 其他短"，其次是"S8 形短"，再次是"S6 能愿"，最后是"S7 可能"。至于具体的使用频率，考生同汉语母语者的使用情况虽然相差较大，但这属于正常现象，因为两个语料库的语体差异很大，而语体对"是……的"句的使用影响非常大，对此易平平（2008）有较为深入的研究。

据易平平（2008）对汉语母语使用者 40.60 万字口语材料和 105.92 万字的书面语材料的考察，两种"是……的"句的使用频率见表 7 - 6。

表 7 - 6　汉语母语者不同语体中"是……的"句使用情况（1）[①]

句式	语体	总字数（万字）	用例（句）	句/万字
"是……的"（一）	口语	40.6	359	8.84
	书面语	105.92	531	5.01
"是……的"（二）	口语	40.6	478	11.77
	书面语	105.92	862	8.14

同表 7 - 6 的统计数据相比，似乎韩日高级水平汉语学习者使用"是……的"句（一）频率过低，而使用"是……的"句（二）过高，但实际上并非如此。易平平在论文中还进一步细分了不同语体，分别考察"是……的"句（二）的使用情况，考察结果见表 7 - 7。

表 7 - 7　汉语母语者不同语体中"是……的"句使用情况（2）[②]

细分语体	总字数（万）	总用例数	句/万字
访谈实录	14.01	319	22.77
话剧剧本	6.31	9	1.43
电视剧剧本	20.28	148	7.3
小说	137.11	215	5.79
散文	24.27	297	12.24
议论性文体	19.91	272	13.66
说明性问题	24.63	78	3.17

① 易平平．"是……的"结构中"是"、"的"隐现考察［D］．北京：北京语言大学，2008：12.
② 易平平．"是……的"结构中"是"、"的"隐现考察［D］．北京：北京语言大学，2008：26.

关于"是……的"句（二），易平平由此得出结论："当我们要论证某个问题，希望对方接受我们的观点和看法的时候，我们会较多地用到'是……的'以表明自己对某个事实、某种可能性、必然性或某种属性的深信不疑。"① 本书的语料来源，全部是留学生参加高等 HSK 考试时写的作文，而作文题目基本上都是"如何看待安乐死""如何解决'代沟'问题""由'三个和尚没水喝'想到的……""绿色食品与饥饿""吸烟对个人健康和公众利益的影响""我看流行歌曲""关于用自然之声取代噪声的建议""学习汉语的苦与乐"之类，属于典型的议论性语体。虽然也有"记对我影响最大的一个人""记我的父亲"等记叙性的语体，但相对少很多。易文语料来源之一的"访谈实录"其内容也都属于议论性的，访谈对象主要是就某个话题展开讨论，谈个人的看法，基本上等同于前述所列的那些作文题。因此，本书语料中"是……的"句（二）出现的频率 22.59（用例/万字）同易平平统计的访谈实录中"是……的"句（二）出现的频率 22.77（用例/万字）几乎是惊人地一致，同表 7-7 中的一般的议论性文体相比也比较接近。而"是……的"句（一）最常用的语境就是故事叙述，因此最接近话剧剧本、电视剧剧本和小说，而本书统计出来的频率 2.98（用例/万字）也很接近这三者的平均值。所以，总的来说，韩日高级水平汉语学习者"是……的"句的使用情况非常接近于汉语母语使用者。

就正确率来说，HSK 作文语料库中"S4 受"和"S5 因"的使用频率为零，因此也就谈不上什么正确率；"S3 主"只出现一例，正确率 100%；使用频率较高而又习得情况较好的是"S1 状"和"S8 形短"，正确率都超过了 80%；习得情况最不理想的是"S6 能愿"，正确率只有 61.54%。

除了使用频率为零的"S4 受"和"S5 因"外，各句式具体的偏误情况举例分析如下：

1．"S1 状"——主语＋是＋状语/类状语＋V＋的

正确用例比如：

例 28　不知你们是怎么过 5 月 8 日——父母节的。

例 29　妈妈就是这样教我的。

例 30　我从小是在台湾出生、长大的。

① 易平平．"是……的"结构中"是"、"的"隐现考察［D］．北京：北京语言大学，2008：26.

例 31 我是韩国外国语大学中文系毕业的。

偏误用例比如：

例 32 但这些农产品，大多数通过使用污染物质生产的。

例 33 我是从小就在一个家庭教育非常严格的农村长大的。

例 34 我这种想法是为我们地球考虑了的。

例 32 属于遗漏偏误，可以修改为"但这些农产品，大多数是通过使用污染物质生产的"。例 33 属于内部偏误中的"是"字错序，可以修改为"我从小就是在一个教育非常严格的农村家庭长大的"。例 34 属于内部偏误中的其他偏误，是"了"和"的"混用，可以修改为"我这种想法是为我们地球考虑的"。

2. "S2 施"——受事宾语 + 是 + 主谓短语 + 的

正确用例比如：

例 35 不只是机械，所有的东西都是他们制造、发明的。

例 36 韩国一个大明星得了肺癌，当然是吸烟的嗜好引起的。

例 37 这件事是前几年妈妈告诉我的。

偏误用例比如：

例 38 这样一个挫折，有的人把它变成绝望，有的人呢变成成功，这是我认为个人的力量而所决定的。

例 39 ……这一系列的后果都是被它造成的。

例 38 属于"是"字错序，可以修改成"……我认为这是个人的力量所决定的"。例 39 属于其他偏误，"是……的"句（一）同"被"字句杂糅，可以修改为"……这一系列的后果都是它造成的……"。

3. "S3 主"——是 + 主谓短语 + 的 + 宾语

语料库中该句式只出现了一例，使用正确：

例 40 在文章里，我们看不到医生看病的结果，而且是她丈夫进行安乐死工作的。

4. "S6 能愿"——主语 + 是 + 能愿动词 + 动词（短语） + 的

正确用例比如：

例 41 但是过一段时间这些现象是可以克服的。

例 42 一般的食品，还是可以食用的，对生命没有多大的影响。

例 43 所以"绿色食品"和饥饿问题是应该一起解决的。

例 44　多元化的社会对他们来说，也是不能忽视的。

偏误用例比如：

例 45　所谓"绿色食品"在市场很受欢迎的现象也可以了解的。

例 46　他们经过了人生的风风雨雨，许多坎坷，所以肯定有不少宝贵的经验。他们观察这个世界的眼睛会是更明亮的，但是……

例 47　他们都不是愿意发生这一些事情的。

例 48　……这些因为科技的发展产生的出来的，应该通过科技来解决，这是科学应该为人们服务的，人类把科学发展的目的就是为了生活方便。

例 45 属于遗漏偏误，少了"是"字，可以修改成"所谓'绿色食品'在市场很受欢迎的现象也是可以了解的"。例 46 属于错序偏误，可以修改为"……他们观察这个世界的眼睛是会更明亮的……"。例 47 属于否定不当，应该改为"他们都是不愿意发生这一些事情的"。例 48 属于其他内部偏误，具体来说就是杂糅，作者又想说"……这些因为科技的发展产生出来的，应该通过科技来解决，这是科学应该为人们服务的地方"，又想说"这些因为科技的发展产生出来的，应该通过科技来解决，科学是应该为人们服务的"，结果就杂糅到一起了，可以修改成这两句中的任意一句。

5. "S7 可能"——主语＋是＋动词＋可能补语＋的

正确用例比如：

例 49　而且它是跟得上我们这个社会的。

例 50　通过一方的单向努力是绝对解决不了的。

例 51　可是我觉得这么做是解决不了根本问题的。

偏误用例比如：

例 52　他们的生活和宗教离不开的。

该类用例相对较少，且都属于遗漏"是"字的偏误。例 52 可以修改成"他们的生活和宗教是离不开的"。

6. "S8 形短"——主语＋是＋形容词短语＋的

中间的形容词短语结构很简单，都是"副词＋形容词"构成的状中结构。可能正因为如此，该句式正确率相对较高。正确用例比如：

例 53　我认为健康是最重要的。

例 54　其实戒烟是很难的。

例 55　汽车的喇叭是很刺耳的。

例 56　这青少年吸烟问题也是挺严重的。

例 57　我认为流行歌曲反映那个时代的特色和现象，描写人们的心理是很准确的。

偏误用例比如：

例 58　这种情况下，先研究减少化肥的新技术可以讲最重要的。

例 59　生命是很宝贵。

例 60　健康是对人类最重要的。

例 61　近来，代沟的问题简直是很严重的，所以已经成为再不能放弃的社会问题了。

例 58 属于遗漏偏误，少了"是"字，可以修改成"这种情况下，先研究减少化肥的新技术可以讲是最重要的"。例 59 也属于遗漏偏误，少了"的"字，可以修改成"生命是很宝贵的"。例 60 属于"是"字错序，可以修改为"健康对人类是最重要的"。例 61 属于其他偏误，具体来说就是杂糅，可以说成"代沟的问题简直太严重了"，或者"代沟的问题是很严重的"，修改成其中一句即可。

7. "S9 其他短"——主语 + 是 + 其他短语 + 的

正确用例比如：

例 62　"绿色食品"是有利于健康的，可它的产量远远不如普通的农作物。

例 63　吸烟有害健康，这是众所周知的。

例 64　若父母盲目地拔苗助长，其结果往往是适得其反的。

例 65　但这些歌，普通人是很难学会的。

例 66　双方都得互相理解，只认定自己的想法是没有方法解决的。

例 67　这样的声音是让人头痛的。

例 68　但是我觉得他们却是无情、残忍的。

例 69　我想代沟这个问题是无论什么地方、什么时候都存在着的。

可以看出，"是"和"的"中间的短语其结构复杂多样，有动宾、状中、主谓、兼语、连动、联合、固定短语等，甚至还有复句。也许正因为如此，该句式的正确率相对较低。

偏误用例比如：

例70　从小吸烟的话，孩子在精神方面也好，在身体健康方面也好，都绝不利于他们的。

例71　我很相信现在的科学技术，一定以后出来的农产品都是利于健康。

例72　这个规定是最近在日本也越来越常见的。

例73　但有人觉得只要自己吃得饱就行了，不管别人，这种想法是太片面、太自私的。

例70和例71都属于遗漏偏误，前者遗漏"是"，后者遗漏"的"，可以分别修改为"从小吸烟的话，孩子在精神方面也好，在身体健康方面也好，都是绝不利于他们的"和"我很相信现在的科学技术，以后出来的农产品一定都是利于健康的"。例72属于错序偏误，"是"的位置不妥，可以修改为"这个规定最近在日本也是越来越常见的"。例73属于其他偏误，具体来说属于杂糅，将感叹句"太……了"同"是……的"句杂糅到一起了，这是两种不同功能的句子，不应当同时使用，可以修改为"……这种想法太片面了、太自私了"，或者"这种想法是片面、自私的"。

8."S10词"——主语＋是＋单个的词＋的

用在"是……的"句中间的词类是很丰富的，最常用的是形容词，然后是能愿动词和心理动词，除此之外还有少部分一般动词、代词（代替动词）、区别词、副词等。正确用例比如：

例74　总而言之，生命是高贵的，不能侵犯别人的生命。

例75　那我的弟弟却认为父母为了孩子受苦是应该的。

例76　前一段时间某市政府规定，在公共场所边走边抽烟的人将被罚款。这条规定我是反对的。

例77　所以我的想法是这样的，把绿色食品给那些挨饿的人……

例78　北京的餐厅是一流的。

例79　大家都想追求身体健康的情况下，吸烟受一定的限制也是当然的。

偏误用例比如：

例80　总的来说，我们吃绿色食品当然好的。

例81　在烟盒上也写着：吸烟是对健康有害的。

例82　我们去市场买东西的时候，容易看到比原来样子更大的水果和蔬菜等，我觉得这不是正常的。

例83　应该先解决挨饿问题，后提高食品质量是正确的。

例 80 属于遗漏偏误，少了"是"，可以修改为"总的来说，我们吃绿色食品当然是好的"。例 81 属于错序偏误，"是"的位置不妥，可以改为"在烟盒上也写着：吸烟对健康是有害的"。例 82 属于否定不当，可以修改为"……，我觉得这是不正常的"。例 83 属于其他偏误，说话人又想说"应该先解决挨饿问题，后提高食品质量"，又想说"先解决挨饿问题，后提高食品质量，这才是正确的"，结果两个句子杂糅到一起了，造成偏误。

（五）综合分析

基于上述考察结果，本书对于韩日留学生"是……的"句的习得情况形成了如下认识：

（1）学习者对"是……的"句的习得情况总体上表现一般，某些句式还出现了化石化的倾向。整体来看，韩日高级水平汉语学习者平均正确率刚过 70%，其中 C 级的正确率只有 66% 左右，那么初中级水平的学习者对"是……的"句的掌握情况只会更不理想。分句式来看，"是……的"句（一）正确率为 84.72%，而其下位句式"S2 施"正确率为 80%，出现了化石化现象；"是……的"句（二）正确率为 76.1%，而其下位句式"S9 其他短"正确率为 75.14%，"S6 能愿"正确率只有 61.54%，这两种句式都出现了不同程度的化石化。

（2）"是……的"句的掌握情况同汉语水平总体上是正相关的。汉语水平越高，对"是……的"句的掌握越好，尤其是获得高等 A 级 HSK 证书的学习者，使用"是……的"句的正确率达到了 87.18%，同时各种类型的偏误量都明显低于获得 B 级和 C 级证书的学习者。

（3）相同语体风格下，学习者对"是……的"句不同句式的使用偏好同汉语母语者相比基本相当。在记叙、说明性问题中，倾向于更多地使用"是……的"句（一），而在议论性文体尤其是讨论性的文体中，倾向于大量地使用"是……的"句（二）。"是……的"句（一）各下位句式中，"S1 状"使用频率遥遥领先于其他各句式，其后依次为"S2 施"和"S3 主"，但使用频率急速下降，至于"S4 受"和"S5 因"频率则为零。"是……的"句（二）各下位句式中，"S9 其他短"和"S10 词"使用频率最高，其次为"S8 形短"，再次为"S6 能愿"，最低的是"S7 可能"。这些使用倾向都同汉语母语者基本相同，只是具体的使用频率会有所差异。

（4）学习者对"是……的"句（二）的掌握没有"是……的"句（一）

好。前者正确率为 76.10%，而后者则为 84.72%（排除了泛化偏误后的统计数据）。考虑到"是……的"句（二）的使用量更大、使用频率更高，再加上前述对泛化偏误的分析中发现学习者更倾向于滥用"是……的"句（二），很显然，学习者在如何正确使用"是……的"句（二）方面存在更多的问题。

四、"是……的"句偏误原因分析

根据对 HSK 动态作文语料库中韩日高级水平汉语学习者"是……的"句的分析统计，我们发现造成三种偏误的直接原因是各不相同的。

造成泛化偏误的直接原因，主要是学习者对"是……的"句的功能特点了解不够。关于"是……的"句的功能特点，刘月华（2001）认为：

"是……的"句（一）"一般表示动作已在过去发生或完成，并且这一事实已成为交际双方的共知信息（已知信息）。使用'是……的'句（一）时，说话人要突出表达的重点（也就是全句的表达焦点）并不是动作本身，而是与动作相关的某一方面，如时间、处所、方式、施事、受事等"①。

"是……的"句（二）"多用来表示说话人对主语的评议、叙述或描写，全句往往带有一种说明情况、阐述道理，想使听话人接受或信服的肯定语气"②。

这样的说明看起来非常清楚，但在实际使用时，对语感的依赖还是非常强的，外国汉语学习者由于语感的缺乏，是很难正确把握使用的情景的。比如"是……的"句（一），容易泛化为只要是过去就用；对于"是……的"句（二），当说话人想使听话人接受自己的观点或信服某种叙述或描写时容易滥用。另外，"是……的"句（二）的使用多数时候是非强制性的，可用可不用的情况非常多，容易让学习者误以为只要想强调观点或事实就可以用，造成泛化。

造成遗漏偏误的直接原因主要是学习者对于什么时候可以省略"是"或"的"不是很清楚。一般语法书或教材在介绍"是……的"句时常常提到，"是……的"句（一）可以省略"是"字，"是……的"句（二）可以同时

---

① 刘月华，潘文娱，故韡. 实用现代汉语语法［M］. 增订本. 北京：商务印书馆，2001：762－763.

② 刘月华，潘文娱，故韡. 实用现代汉语语法［M］. 增订本. 北京：商务印书馆，2001：771.

省略"是"和"的"。但对什么时候一定不能省略、什么时候一定能省略却语焉不详，容易造成学习者使用"是……的"句时出现"是"或"的"的遗漏偏误。

造成"是"字错序的直接原因主要是对"是"字的功能了解不够。"是"字是用来指明话语焦点的，因此必须紧挨着放在话语焦点的前面，不能被其他词语隔开，否则就会造成"是"字的语序偏误。

造成否定不当偏误的直接原因主要是对"是……的"句（二）自带的肯定语气了解不够造成的。"是……的"句（二）全句带有肯定的语气，因此除了极少数的特例外，该句式只能用于肯定句，如果要表达否定的意思，只能把否定放在"是"和"的"的中间。不清楚这一点，就容易造成否定不当。

造成其他内部偏误的直接原因比较多样化，但总的来说都是对"是……的"句的功能了解不够造成的。

无论是因为对"是……的"句的功能了解不够，还是对"是"和"的"什么时候能省略、什么时候不能省略不甚明了，又都与教材和教学有关。以目前比较通行的教材《汉语教程》为例，对"是……的"句（一）的"S1状"有着专门的课文和练习，而对其余的下位句式以及"是……的"句（二）则没有系统的介绍和练习。而"是……的"句（二）的使用是比较广泛的，无论是在生活中还是在教材中，学生常常能接触到这样的句子，虽然有老师的零散讲练，但由于缺乏系统性和深入性，学生学得一知半解也是可想而知的。

另外，"是……的"句本身的复杂性则是其较难掌握的根本原因。"是……的"句（二）带有很强的主观性，很多时候要不要用这种句式都是两可的，这也给学习者带来很大的困惑。同时，无论是"是……的"句（一）还是"是……的"句（二），"是"常常可以省略，省略的情况又非常复杂，同语体、语境、语法、词语搭配等都有一定的关系，这些都给"是……的"句的正确习得带来了很大的困难。

五、教学对策

基于前述的统计和分析，对于"是……的"句的教学，我们提出如下的对策：

一是教学同研究相结合，多研究并多吸收相关的研究成果，尤其是将本体研究和偏误分析结合起来的研究。

在基于大规模中介语语料库的大量分析过程中，我们发现很多偏误凭语感可以很容易发现，但是要解释清楚为什么这样不行、那样不好，是非常困难的。就拿前面提到的陆俭明、马真在其著作中举的那两个偏误来说，汉语母语者感觉到这两个句子是有问题的，却很难说清楚问题到底在哪儿，这样学生遇到类似的问题还是要犯错误。又比如，很多本体研究者都指出"是……的"句（一）常常可以省略"是"字，"是……的"句（二）常常可以同时省略"是"和"的"字，但"常常""一般""可以"这些词不具有可操作性，学生听了以后还是无法明白什么时候可以省略、什么时候不能省略。要能简单易懂地解释清楚"是……的"句的使用情景、省略条件，需要同时结合大规模的母语语料库和中介语语料库，找出其中的可操作性的规律。已经陆续有人在做这样的工作，比如侯颖（2004）、谢福（2008）、易平平（2008）、张威（2016）等，研究成果也非常具有参考价值，但还有很长的路要走，期待基于更大语料库的统计分析、更有说服力和可操作性的研究结果出现。

二是更科学地编排"是……的"句的讲与练。

以目前最为常见的对外汉语教材《汉语教程》为例，在第二册（上）专门有一课对"是……的"句（一）的"S1 状"下位句式进行讲练，这也是最常见的"是……的"句（一）下位句式，安排在这学习是非常合适的。但被各种统计结果证明为更为常见的"是……的"句（二）却迟迟没有安排专门的学习，不能不说是一个遗憾，对选取该教材进行汉语学习的学生来说，很显然会直接影响到他们对"是……的"句（二）的及时习得。

三是在语境中教学"是……的"句式。

在统计分析中介语语料库的过程中，我们发现很多句子到底是不是"是……的"句、属于哪种"是……的"句、该"是……的"句的使用是正确的还是错误的，很多时候只看句子本身是不行的，需要看原始语料，在充分弄明白了表达者的意思后才能辨别。这也给我们一个启示：在进行"是……的"句的教学时，也应该结合语境进行，不能只给孤零零的句子，否则学生很难深刻体会到"是……的"句的实际功能和使用情景。比如"是……的"句（一），必须有先行的已然的事情，否则无法使用"是……

的"句（一）；"是……的"句（二）的使用"涉及三大范畴，即事件属性范畴、状态属性范畴和评议范畴，其中事件和状态是客观的，而评议是主观的，不管是客观性范畴的东西还是主观性范畴的东西，'是……的'都表现出增强事实确定性的功能，话语主体在运用'是……的'结构时都表明了对自己的论断深信不疑的态度"①，而要让学生明白这些，就必须结合语境来进行。

---

① 易平平．"是……的"结构中"是"、"的"隐现考察［D］．北京：北京语言大学，2008：29.

第八章

韩日背景高级汉语学习者
"有"字句的习得

一、研究综述

在现代汉语中，"有"字句是一种较为特殊的句式。它的使用频率很高，语义广泛、语法结构复杂，不同时期，研究者从不同的角度对该句式进行了研究。

（一）"有"字句的结构研究

不同时期，研究者从不同的角度对"有"字句分出了不同的结构类型。早期对"有"字句的结构进行描写的有马建忠、吕叔湘、丁声树等人，他们大多从意义的角度对"有"字句进行下位分类。比如吕叔湘（1942）从意义入手，将"有"字句分为时地性起词的有无句（表存在）、分母性起词的有无句（表领有）和领属性起词的有无句（表领属）三种。20世纪80年代以来，詹开第（1981）从形式入手，比较详细、全面地探讨了"有"字句结构，把"有"字句分为四种句式：只有一个名词的句式、有两个名词的句式、名词之外有动词的句式、"有＋名"之后带有形容词或计量词语的句式。20世纪90年代开始，人们则采用形式和意义相结合的方法，比如张豫峰（1999）对"有"字句进行详细的意义分类，并指出各意义类别下A、B段句法成分的不同。

有研究者在句式下分意义类，比如胡袁园（2005）将"有"字句分为简单的"有"字句和复杂的"有"字句，再在简单的"有"字句下分出体词性的简单"有"字句和谓词性的简单"有"字句及其各种变换句式，一共分出了13个小类，最后指出各句式所表达的意义，并寻找它们之间一一对应的关系。此种分法比较细，也结合了句法和语义两个标准来考虑，同时考虑了其隐含式、变换式，但同样遗漏了一些句法结构，如作者认为表比较的"有"字句对应的句法结构只有"A＋有＋B＋Adj"，忽视了后面的形容词部分也可用动词性短语来充当。

（二）"有"字句的语义类型研究

张豫峰（1999a）根据句中"有"字前后的关系，将"有"的表义类型分为六种：表领属关系、表领有关系、表存在关系、既表领有（存在）也表存在（领有）方式、表发生关系、表估量关系等。

胡袁园（2005）将"有"字句的语义概括为表示存在、表示领有、表示领属、表示比较、表示估量、表示出现、表示形状程度、引出动作主体、引出动作客体、表示条件、表示原因、表示假设等 12 种。文中虽然明确指出领有和领属义的不同，即：领有关系是 A 和 B 两事物之间是分离的，对于 A 事物而言，B 事物常常是外界的，是"身外物"；而领属关系则不一样，A 和 B 两事物之间是互相包含的，B 事物是 A 事物与"身"俱来的、由内而发的，或者相对于"身外物"来说，B 事物是"身内物"。但是举例却有矛盾之处。文中有两个例句："庞大的晋商队伍历来有随机应变的本事。""他有领袖必备的很高的宣传鼓动才能。"前者被归为"领有义"，而后者被归为"领属义"。按文中的区分标准，都应归为"领属义"。另外，文中所说的"表示假设"和"表示原因"两种语义不是"有"字句本身的语义，而是紧缩复句两个单句之间的关系。

袁毓林、李湘、曹宏、王建（2009）运用情景语义学的有关观念和方法，对实际语料中出现的"有"字句进行比较全面的描写和分析，在"拥有"和"存在"两大语义情境的关照下，重新梳理了"有"字句和"有"的各种意义和用法。在此基础上，抽象出"有"字句四种基本的语义关系模式，即领属、包含、包括、存在，并揭示了这四种语义模式之间的联系和区别。

刘瑜（2012）将"有"字句的语义类型分为七种：表示存在、表示领属、表示领有、表示列举、表示估量与比较、表示评价、表示发生和出现。

（三）"有"字句的语用功能研究

长期以来，对"有"字句的研究主要集中在句法、语义问题上，对"有"字句的语用研究较少。其中张豫峰（1999b）的看法比较有代表性，他采取形式和意义相结合的原则，将"有"字句分为叙述类、描写类、解释类和评议类四种表述类型。

（四）"有"字句在大纲中的出现情况

《汉语水平等级标准与语法等级大纲》把"有"字句的学习分为两个等级，分别置于甲级和丙级语法大纲中。甲级语法大纲按语义关系列出五种"有"字句，分别是：①表示领有；②表示包含、列举；③表示存在；④表示评价、达到；⑤表示发生、出现。并举例说明否定式。丙级语法大纲中按照形式列了三种"有"字句，分别是：①主 +"有 + 着"……；②主 +"有 + 所"+ 动……；③……"动 + 有"。

《对外汉语教学语法大纲》根据"有"的意义，把"有"字句分为：① "有"表示"领有""具有"，又可分为几种情况，分别是宾语是主语的一部分，宾语为主语所领有的具体人或事物，宾语表示主语的某种属性，宾语所代表的人或事物与主语有某种关系；②表示存在；③表示发生或出现；④表示列举和包括；⑤"有"有"等于""是"的意思，也是一种包括；⑥表示"达到"，否定式"没有……"，多用于估量，还可以表示"比较"。

（五）"有"字句的习得研究

系统性地对"有"字句的习得进行的研究多见于各高校的硕士学位论文中，参见董小琴（2008）、张颖（2009）、刘剑（2012）、刘周全（2012）、张燕平（2012）、陈立人（2013）、王增颜（2016）等。上述论文既有分国别研究，如张颖（2009）以 HSK 动态作文语料库为语料来源，考察了韩国学生"有"字句的习得情况。她将"有"字句按形式分为五类：A. 名 1 + 有 + 名 2；B. 名 + 有（所）+ 动（形）；C. 名 + 有 +（修饰语 + 形）；D. 名/动 + 有 + 数量短语/疑问代词；E. 名 1 +（动 + 有）+ 名 2。文章还对五类结构的使用率进行了排序，由高到低的顺序依次是：A 类结构、B 类结构、C 类结构、D 类结构、E 类结构。也有不分国别的研究，如董小琴（2008）以南京师范大学汉语中介语偏误信息语料库为语料来源，研究了外国学生"有"字句的偏误及其下位句式的习得顺序。她结合形式和意义，把"有"字句分为七大类：T1：A 有 B（表存在义和领有义）；T2：A + 有 + 数量 + Adj；T3：A + 有 + 所 + VP；T4：A + 有 + VP；T5：A + VP + 有 + B；T6：A + 有 + B + VP；T7：A + 有 + B + Adj。使用习得区间法和正确使用相对频率法推断出"有"字句的下位句式的习得顺序是：T1 > T6 > T7 > T2 > T4 > T3 > T5。其他论文基本都是偏误研究，研究框架基本是先给"有"字句按形式进行分类，然后进行偏误分析。

上述研究基本上是从形式出发对"有"字句进行下位句式分类，分类不太一致，有的研究还包括带"有"的兼语句和连动句。我们认为"有"的兼语句和连动句不属于"有"字句的范畴，不应该作为"有"字句的下位句式。

另外，"有"字句的同一个句法结构可能表达不同的语义，如果不结合语义，仅从形式出发对"有"字句的习得情况进行考察，则对"有"字句的研究是不全面的。因此，本研究将从语义出发，结合形式和意义，将"有"字句分为不同的语义类型，再在每一语义类型下就相应的句法形式进行考察，这样既兼顾形式又兼顾意义。

二、"有"字句的分类

根据文献可知"有"字句是一句法结构复杂、语义表达丰富的句式,且大部分句法结构和语义之间并不存在一一对应的关系,因而如何对现代汉语"有"字句下位句式进行合理的分类,是我们研究"有"字句的重点和难点之一。在对"有"字句研究现状和对外汉语教材及大纲有关"有"字句的描述进行梳理的基础上,本书立足于对外汉语教学实际,结合形式和意义,将"有"字句的语义类型分为六种:表领属、领有;表存在;表估量(达到某种程度);表比较;表发生和出现;表包括。每种语义类型对应不同的句式,下面是详细说明。

(一) 表领属、领有

在很多语法书中把"领属关系"单独列为一类,认为领属关系是发生在事物内部的关系,而领有关系是发生在事物与事物之间的外部关系,因此分列为两种并列的关系。但是他们却忽视了"领有"和"领属"之间的本质联系。"领有"是拥有,B 属于 A 所有;领属关系同样是 B 属于 A 所有,只是这种拥有是 A 事物内部的拥有。因此,本书把领属关系列为领有关系的一种情况。

表领属、领有关系的句式主要有四类:S + 有 + O、S + 副词 + 有 + O、S + 介词短语 + 有 + O、S + V 有 + O。

第一类是 S + 有 + O。例如:我有一个姐姐;桌子有四条腿。前者是领有关系,后者是领属关系。

第二类是 S + 副词 + 有 + O。例如:这个活动很有意义。用于描写一个人或物拥有某种特质。常做这类"有"的宾语的名词还有办法、主意、主见、本领、天才、才能、风度、气派、经验、眼光等,为了说明具体的特性,通常这类句子是带有评价性的,我们不能说"很有桌子""很有椅子",这类"有"的有些宾语前常带修饰语。

第三类是 S + 介词短语 + 有 + O。例如:我对他有意见。常做这类"有"的宾语的名词有办法、想法、意见、兴趣、用处、益处、计划、创意、顾虑,还有如研究、创新、启发、安排等名动词或动词。

第四类是 S + V 有 + O。例如:他持有中国护照。此类句式表领有,同时表领有的方式。句中的主语不能为处所短语。

（二）表存在

表存在义的句式主要有三类，分别是：

第一类是处所短语/时间短语＋有＋O。例如：桌子上有一本书；唐朝有一位伟大的诗人。此类句式用于表示某个时间，某个地点存在、出现某事物。

第二类是处所词＋V＋有＋名词/名词性短语。例如：黑板上写有很多句子；墙上挂有一幅画。此类句式用于表示某处所存在某种事物。"有"前面加上动词，是对动作的一个强调，既表示某处存在，同时还强调存在的方式，强调了动作性。

第三类是 A 与（和/跟）B（之间）＋有＋O。例如：我跟他之间有矛盾。袁毓林等（2009）将"伊拉克与中国有着长期的友好关系""盛云龙与军队与国防有过一种难解的情结。"这类句子归为存在句。他们认为上述句子中两个配价成分的所指被识解为两个抽象的边界点，边界与边界之间的空间成为一个抽象的处所。正是在这种抽象的处所中，存在着某种抽象的东西。本书采用袁的意见，将"A 与（和/跟）B（之间）＋有＋O"归为表存在义的"有"字句。

（三）表估量

此种语义类型的"有"字句是说主语在某种属性（比如高度、深度等）方面达到了某种程度或者一定的数量，用这一句式来进行估量，主要用于说话人认为该事物或情况主观量大、程度高等情况。"有"在句子中是一个谓语动词，"有"后的成分作宾语，表示估量。主要有两种句式，分别是：

S＋有＋计量短语＋（形容词）。例如：他有一米八高；那个人有 30 来岁。

S＋有＋多/多么＋V/Adj。例如：看了这情景，你不知道我心里有多难受！科威特究竟有多富？

（四）表比较

此种语义类型的"有"字句用于表达两个事物某种形状上的程度相同或者相似，或者说某一事物在某种形状上达到了另一事物的程度。形容词主要是性质形容词，大体分为两类：一类为"高、大、长、宽、粗、重"等，我们称之为"高大"类形容词；另一类为"低、小、短、窄、细、轻"等，我们称之为"低小"类形容词。当"这么/那么/这样/那样/这般/那般"出现时，上述形容词都可以进入此句式；但当"这么/那么/这样/那样/这般/那般"不出现时，且用肯定形式时，只能使用"高大"类形容词。A、B 在句中是两个比较的对象，A 所表达的一般为新信息，B 所表达的一般是已知信息，或者是说话人双方都知道的信息，所以 B 作为量度的标准，在显著度上是高于 A 的。用于表达此义的"有"字句的句法形式是：A（没）有 B（这么/那么/这样/那样/这般/那般）＋形容词/动词。例如：翻译没有写作这么费时间；你有他那么喜欢跳舞吗？

（五）表发生和出现

此种语义类型的"有"字句用于表示某事物或者情况的发生、出现，宾语成分主要是发展、改变、进步等这种既可以做动词又可以做名词的双音节词语来充当，宾语成分的词语还要具有能够表示变化的词语，数量上或者是其他方面的变化，主要有三种句式，分别是：

S＋有＋动态助词（了/过/着）＋动名词。例如：中国经济有了很大的发展。

S＋有所＋VP。例如：我的汉语水平有所提高。

S＋副词/形容词＋有＋V。例如：我对这个决定稍有不满。

（六）表包括

此种语义类型的"有"字句主要有以下三种：

第一种是"有"字句的宾语表示的事物都属于主语所指的那一类，宾语往往不止一个，具有列举性，有时最后还说出总数量。例如：云的种类有很多，有卷云、积云、层云等。

第二种是用两个或两个以上的"有"来分类列举。这种格式的"有"字句，前半句是总的叙述，后面用"有"列举。例如：我们班的学生来自世界各地，有亚洲人，有欧洲人，还有非洲人。

第三种是它的宾语是数量词或带数量词的名词短语，宾语表示主语所指事物的总数。这类句子主语所指事物包含的数量与宾语所表示的数量是相当的。例如：北京一年有春、夏、秋、冬四个季节。

三、HSK 动态作文语料库中"有"字句的习得情况

（一）"有"字句的整体表现分析

本研究首先将语料中所有的"有"字句进行了正确与偏误分类。正确是指语境要求使用"有"字句而且正确地使用了。参照前人的研究，我们将韩

日学习者的"有"字句偏误分为遗漏、泛化、内部偏误三种。

正确例句：烟盒上边写有"吸烟有害健康"这些文字。

遗漏偏误例句：吸烟对人的健康很不良的影响，这是大家共同的认识。

泛化偏误例句：我对这种人有反感。

内部偏误例句：在公共场所，有很多孩子们和不抽烟的人们。

另外，有些句子出现了动词"有"跟宾语搭配不当的问题。如果宾语的词性正确，只是语义跟语境不能搭配，本书认为不是句式习得的问题，而是词汇的问题，因此认为此种句子是正确的。例如：很多青少年看吸烟者吸烟的样子，就觉得他们很有风格。此例中"风格"错误，可以修改为"……就觉得他们很有风度"。韩日学习者"有"字句习得的整体表现，见表8－1。

表8－1　韩日学习者"有"字句习得的整体表现

类型	数量	占总数的比例
正确	1 262	82.5%
内部偏误	156	10.2%
遗漏	56	3.7%
泛化	55	3.6%
总计	1 529	100%

表8－1显示，"有"字句的使用正确率为82.5%。韩日学习者"有"字句的总体习得情况较为理想。在所有的错误用例中内部偏误占所有用例的比例最高，然后分别为遗漏偏误和泛化偏误。

（二）"有"字句的偏误分析

1. "有"字句的内部偏误

在所有偏误中，内部偏误的数量最多，具体情况下文将结合各语义类型一一进行分析。现从整体上总结一下，内部偏误的情况见表8－2。

表8－2　韩日学习者"有"字句的内部偏误

内部偏误类型		用例数量	所占比例
主语错误	句子缺少主语	46	62.8%
	主语前多介词	52	
动词错误		20	12.8%

内部偏误类型	用例数量	所占比例
其他（包括介词"对"、动词后多"了、过、着"等）	17	10.9%
语序错误	15	9.6%
宾语错误	6	3.9%
总计	156	100%

由表 8 - 2 看出，"有"字句中主语部分的错误最多，这类错误主要是表"存在义"的主语前多介词和句子缺少主语；其次是动词错误，具体表现为"有"错用为"拥有、具有、领有"等。除此之外，"有"字前边的介词和后边的助词错误也比较多。具体例句详见下文各语义类型的习得分析，现举例如下：

例 1　我本人也是吸烟的人。但我也了解对个人健康有不好的影响。（少主语）

例 2　但是，我想在地球上根本没有什么神……（主语前多介词"在"）

例 3　他对中国和日本具有很深的了解。（动词错误，"有"错用为"具有"）

例 4　世界上还有很多每天一顿也吃不上的饥饿。（宾语错误，少中心语）

例 5　所以小时候，很少有过朋友，只有一个，就是我的姐姐。（动词后多"过"）

例 6　旧时代虽然有对长辈怨言，可不敢说出来……（语序错误）

2. "有"字句的遗漏偏误

"有"字句的遗漏偏误共有 56 个用例，主要是遗漏"有"或者应该用"有"字句却使用了其他句式。我们对六种语义类型的"有"字句的遗漏偏误进行了统计，具体情况详见表 8 - 3。

表 8 - 3　韩日学习者"有"字句的遗漏偏误

语义类型	遗漏数量	所占遗漏的比例
领有义	42	75%
存在义	7	12.5%

语义类型	遗漏数量	所占遗漏的比例（%）
包括、列举义	5	8.9%
出现发生义	1	1.8%
达到义	1	1.8%
比较义	0	0%
总计	56	100%

从表 8－3 可以看出，表"领有"义的遗漏偏误最多，占了绝大数量；其次是表"存在"义的"有"字句；其他依次是表"包括、列举"义的"有"字句、表"出现、发生"义的"有"字句；而表"比较"义的"有"字句未见遗漏用例。具体例句详见下文各语义类型的习得分析。

3. "有"字句的泛化偏误

这类偏误共有 55 例，典型的错误用例有四类。

第一类是"有 + V/Adj"。例句如下：

例 7　这些负面的影响有如下：……

例 8　因宿舍每天都有提供三餐，而且宿舍是新建的。

例 9　我对这种人有反感。

上述例句都是在动词或者形容词前误加了"有"，泛化偏误中这类偏误最多，共有 23 例，占此类偏误的一半以上。

第二类是"有 + 一 + 量词 + 名词"。例句如下：

例 10　有一天我听到我的有一位上司是夜大毕业时，我也决定考了。

例 11　我的有一个朋友嘲笑地说："你到底有没有打算毕业？"

上述两例是不确指成分前误加了"有"字。例 10 可以修改为"有一天我听到我的一位上司是夜大毕业时……"。例 11 可以修改为"我的一个朋友嘲笑地说……"。这类偏误有七例。

第三类是一个句子中出现两个"有"，这类偏误也有七例。例句如下：

例 12　有了法律上有规定的话，我赞成安乐死制度。

例 13　我的公司在山东省的青岛有市内有办公室。

例 12 可以修改为"法律上有了规定的话，我赞成安乐死制度"。例 13 可以改为"我的公司在山东省的青岛市内有办公室"。

第四类是语境要求用其他句式或动词却使用了"有"字句,这类偏误有 13 例。例句如下:

例 14 下面有几项理由:……

例 15 在早晨美梦未醒的时候,总会有汽车的喇叭声叫醒。

例 16 现在在城市里生活的人随便浪费食品,有很多饮食垃圾。

例 14 可以修改为"下面是几项理由:……"。例 15 可以修改为"在早晨美梦未醒的时候,总会被汽车的喇叭声叫醒"。例 16 可以修改为"现在在城市里生活的人随便浪费食品,产生很多饮食垃圾"。这类偏误中"是"字句错用为"有"字句的偏误最多,有五个用例。

还有五个用例不能归入上述四种类型中,例句如下:

例 17 快要有期中考试了,所以学习有点忙。

例 18 爸、妈,我很感谢有您两位来养育我。

上述两例去掉"有"就是正确的句子。

(三) 不同等级学习者"有"字句的习得情况

从学习者的水平角度,对 A、B、C 三级学习者的"有"字句的总体使用情况进行了统计分析,结果发现:

(1) A、B、C 三级"有"字句的使用频率①分别为 0.22、0.33、0.30,A 级的使用频率最低,B、C 级的使用频率差别不大。

(2) A、B、C 三级"有"字句的正确率分别为 81%、85.6%、78.9%,存在差异,正确率最高的是 B 级,其次是 A 级、C 级。这个结果跟我们的预判——"等级越高,正确率越高"不一致,说明"有"字句的习得情况并没有随着学习者的汉语水平的提高而更好,而是出现了反复。

我们注意到 A 级学习者作文中只出现了 37 例,A 级"有"字句使用率低可能是造成上述现象的原因,不能由此得出 A 级学习者正确率低,因而"有"字句的习得不如 B、C 级好的结论。这个结果跟"比"字句的发现一样(详见表 8 - 4)。

---

① 使用频率 = 使用总数/作文总字数 × 10 000(A、B、C 三级的总字数分别为:16 839 字、243 434 字、223 136 字),单位为万分之。

表 8 – 4　韩日学习者不同等级"有"字句的习得情况

类型	A 级	B 级	C 级	总计
正确	30	700	532	1 262
内部偏误	6	74	76	156
遗漏	0	20	36	56
泛化	1	24	30	55
总计	37	818	674	1 529
使用频率	0.22	0.33	0.30	0.31
正确率	81%	85.6%	78.9%	82.5%

（四）韩日学习者各语义类型的具体习得情况

1. 包括列举义

与此语义类型相关的句式主要分为三类。

第一类是 S + 有 + 数量词或带数量词的名词短语。例如：

例 19　我周围的朋友也有很多吸烟的。

例 20　病也有很多种。

此类句式是动词"有"的宾语为数量词，如例 19；或者带数量词的名词短语，如例 20。此类句式是在"包括列举义"中使用频次最高的，共有 67 个用例，其中 63 例正确（例句见上述两例），遗漏用例三例，内部偏误一例。遗漏用例和内部偏误用例如下：

例 21　提议内容如下两点：……

例 22　我的班有很多外国人。以前我在韩国从来没听说过的国家的人也有。

例 21 遗漏了动词"有"，可以修改为"提议内容有如下两点"。例 22 为语序错误，可以修改为"也有以前我在韩国从来没听说过的国家的人"。

第二类是 S + 有 + 数量词或带数量词的名词短语，有 + O，有 + O。这是基本句式，语料中也有"S + 有 + O，有 + O"的用例。例如：

例 23　流行歌曲有很多种，有重金属风格的，有柔和风格的，也有比较轻快的。

例 24　所以，也可以说父母带来的影响有好的，也有坏的。

例 23 是基本句式，由三部分组成；例 24 可以认为是变式，只有二和三部分。此类句式共有 13 个用例，其中十例正确（例句见上述两例），一例遗漏，两例内部偏误。遗漏用例和内部偏误用例如下：

例 25 人们都有权利。有生的权利，同时死的权利。

例 26 我生活在 21 世纪中，听过很多流行歌曲，有不同特色的、有快有慢的、有说唱的，还有很多很多，各种各样、千奇百怪。

例 25 遗漏了动词"有"，可以修改为"同时有死的权利"。例 26 的宾语有错误，可以修改为"有快的有慢的"。

第三类是：S + 有 + A（和）B……。例如：

例 27 因为影响有正面和负面的。

例 28 我们常常听到的噪音，主要有工厂发生的噪音、汽车发动机发出的噪音、手机的声音等。

此类句式共有六个用例，其中五例为正确用例（例句见上述两例），一例为遗漏用例。遗漏用例如下：

例 29 因为这是我去过的地方之中最美丽、最富有少数民族风情的地区，哈尼族、白族、纳西族等。

例 29 遗漏了动词"有"，可以修改为"有哈尼族、白族、纳西族等"。韩日学习者"包括列举义"的习得情况列表如下（见表 8 – 5）：

表 8 – 5 韩日学习者"包括列举义"的习得情况

句式	正确	遗漏	内部偏误	总计	正确率	正确使用相对频率
S + 有 + 数量词或带数量词的名词短语	63	3	1	67	94%	80.8%
S + 有 + 数量词或带数量词的名词短语，有 + O，有 + O	10	1	2	13	76.9%	12.8%
S + 有 + A 和 B +（总数量）	5	1	0	6	83.3%	6.4%
总计	78	5	3	86	90.7%	100%

2. 比较义

这类语义类型的句式为"A 有/没有 B（这么/那么/这样/那样/这般/那般）+ V/Adj"，在"有"字句中用例较少。我们所选取的语料中共出现五例，且五例皆正确，例句如下：

例30　我想人们的健康没有一个人的生命重要。

例31　其实日本也有一些能单独使用的成语，不过没有中国那么多。

我们还发现，学习者使用的此类"有"字句形式比较单一，五个用例全部使用的是否定形式，副词也都是"那么"。

3. 出现发生义

与此语义类型相关的句式主要分为三类。

第一类是 S + 有 + 动态助词（了/过/着）＋动名词。例如：

例32　不过，在吃饭的方式上没有什么太大的变化。

例33　我觉得随着社会的发展，音乐方面也有了很大的发展，其中流行歌曲也有进展。

此类句式共有 30 个用例，其中 26 例为正确用例（例句见上述两例），三例为内部偏误用例，一例为遗漏用例。内部偏误用例和遗漏用例如下：

例34　21 世纪，随着科学技术的进步，在农业的耕作技术上也有了进步。

例35　这样的变化以后，有些人担心使用大量的农药和化肥带来了环境污染。

例34 少主语，可以修改为"农业的耕作技术也有了进步"。例35 遗漏了动词和助词"有了"，可以修改为"有了这样的变化以后"。我们还发现此类句式中宾语部分使用的词语主要有变化（有 15 个用例）、提高、改变、进步、发展、进展、改善、改进、规定、不同等。

第二类句式是 S + 有所 + V。这是基本句式，语料中也有"S + 对 + O + 有所 + V"。例如：

例36　随着社会科学的发展，人类的生活水平有所提高，为人类带来了不少方便。

例37　据有些医学家和心理学家说，听音乐对人体活动会有所帮助。

此类句式共有 24 个用例，其中 23 例为正确用例（例句见上述两例），一例为内部偏误用例。内部偏误用例如下：

例38　我也有所理解这一点。

此例为语序错误，可以修改为"这一点我也有所理解"，或者"我对这一点也有所理解"。

第三类句式是 S + 副词/形容词 + 有 + V。例如：

例 39　对于男女分班的问题社会广有争议。

例 40　我的汉语水平大有提高。

此类句式用例较少，语料中共出现三个用例，其中两个正确用例（例句见上述两例），一例为内部偏误用例。内部偏误用例如下：

例 41　如今，父母与子女之间仍存在着极大的代沟，但稍有弥补其漏洞。

此例为语序错误，可以修改为"但其漏洞稍有弥补"。

韩日学习者"出现发生义"的习得情况见表 8－6。

表 8－6　韩日学习者"出现发生义"的习得情况

句式	正确	遗漏	内部偏误	总计	正确率	正确使用相对频率
S＋有＋动态助词（了/过/着）＋动名词	28	1	3	32	87.5%	50.9%
S＋有所＋VP	24		1	25	96%	45.3%
S＋副词（大/广/稍）＋有＋V	2		1	3	66.7%	3.8%
总计	54	1	5	60	90%	100%

4. 存在义

与此语义类型相关的句式主要分为三类。

第一类是处所短语/时间短语＋有＋O。例如：

例 42　整个家里都有烟味儿。

例 43　那个时候也有假期。

这类句式是表"存在义"中使用最多的，语料中共出现 312 例用例，其中正确用例 244 个（例句见上述两例），内部偏误用例为 64 个，遗漏用例为四个。遗漏用例和内部偏误用例如下：

例 44　世界上这么多人应该要产生大量的农作物。

例 45　在我们的社会上有很多矛盾。

例 44 遗漏了"有"，可以修改为"世界上有这么多人，应该要产生大量的农作物"。例 45 为少主语，可以修改为"我们的社会上有很多矛盾"。我们还发现此类"有"字句中学习者错误最高的是少主语，占所有内部偏误的 80% 以上。学习者习惯在处所词语前加"在"，造成整个句子因缺少了主语而出现了偏误。其他例句如下：

例 46　像我这个年龄的人有很多机会去网吧，在大部分的网吧里会有很多吸烟者。

例 47　在日本有一句俗话：三岁孩子的灵魂到百岁不变。

第二类是 A 与（和/跟）B（之间）＋有＋O。例如：

例 48　父母跟孩子们两方之间应有很多谈话的时间。

例 49　我认为推进绿色食品和饥饿人口的问题没有直接的关系。

语料中此类句式共出现了 40 例，其中正确用例为 36 个（例句见上述两例），内部偏误用例为一个，遗漏用例为三个。内部偏误用例和遗漏用例如下：

例 50　但是，我认为父母和学校的老师有所不同的地方。

例 51　成绩下降了，会常常与父母代沟。

例 50 为动词"有所"错误，可以修改为"……父母和学校的老师有不同的地方"。例 51 少了"有"，可以修改为"……会常常与父母有代沟"。

第三类是处所短语＋V＋有＋O。这类句式学习者使用得极少，语料中共出现两例，且全部正确。例如：

例 52　烟盒上边写有"吸烟有害健康"这些文字。

例 53　现在，许多公共场合都禁止吸烟，或是设有专门的"吸烟处"。

韩日学习者"存在义"的习得情况见表 8 - 7。

表 8 - 7　韩日学习者"存在义"的习得情况

句式	正确	遗漏	内部偏误	总计	正确率	正确使用相对频率
处所短语/时间短语 ＋ 有 ＋ O	244	4	64	312	78.2%	86.5%
A 与（和/跟）B（之间）＋有＋O	36	3	1	40	90%	12.8%
处所短语 ＋ V ＋ 有 ＋ O	2	0	0	2	100%	0.7%
总计	282	7	65	354	80%	100%

5. 达到义

与"达到义"相关的句式主要有两类。

第一类是 S ＋ 有 ＋ 计量短语 ＋ （形容词）。例句如下：

例 54　比如夏天和冬天的气温相差能有 50 度。

例 55　姥姥过世已将近有十年了。

这类句式语料中共出现了九例，其中八例正确（例句见上述两例），一例遗漏偏误。遗漏用例如下：

例 56 在元阳居住的少数民族大概三个。

此例少动词"有"，可以修改为"在元阳居住的少数民族大概有三个"。

第二类是 S + 有 + ……V/Adj。例句如下：

例 57 但我知道你心里有多难过。

例 58 这样该有多么可怕呀？

此类句式动词"有"后常跟着"多/多么 + 形容词/心理动词"。语料中共出现七例，其中五例正确（例句见上述两例），两例为内部偏误用例。内部偏误用例如下：

例 59 了解上一辈以后，我们可以晓得他们也没有那么保守的人。

例 60 我们要知道吸烟有多么不好处。

例 59 是"有"字句和"是"字句杂糅在一起，我们将其看作内部偏误类。可以修改为"……我们可以晓得他们也没有那么保守"。例 60 也是"有"字句跟其他句式杂糅在一起，可以修改为"我们要知道吸烟有多么不好"①。

韩日学习者"达到义"的习得情况见表 8 – 8。

表 8 – 8 韩日学习者"达到义"的习得情况

句式	正确	遗漏	内部偏误	总计	正确率	正确使用相对频率
S + 有 + 计量短语 + （形容词）	8	1	0	9	88.9%	61.5%
S + 有 + ……V/Adj	5		2	7	71.4%	38.5%
总计	13	1	2	16	81.3%	100%

6. 领有义

与"领有义"相关的句式主要有四类。

第一类的基本句式是 S + 有 + O。这类句式用例最多。例句如下：

例 61 他有三个儿子。

例 62 谁都有抽烟的权利。

语料中共出现此类句式 690 个用例，其中 601 个为正确用例（例句见上述两例），57 个为内部偏误用例，32 个为遗漏用例。内部偏误用例和遗漏用

---

① 我们根据最简原则改正错句。

例如下：

例 63　至于对歌手本人，没有多大的兴趣。

例 64　每个人都尊重自己的想法的权利。

例 63 少主语，可以修改为"……我没有多大的兴趣"。例 64 少动词"有"，可以修改为"每个人都有尊重自己的想法的权利"。

内部偏误用例中，句子少主语和动词错误占主要部分。内部偏误用例如下：

例 65　由于他们具有不同的生活方式、不同的价值观念，他们认为没什么可谈的。

例 66　但是过了那个关自己肯定有所成就感。

例 67　由于有感情，感到不舒畅、痛苦是自然的。

例 68　我喜欢的那个歌星快要结婚了。已经有了结婚对象。

例 65 中的动词"具有"错误，可以修改为"由于他们有不同的生活方式、不同的价值观念……"。例 66 中的动词"有所"错误，可以修改为"但是过了那个关，自己肯定有成就感"。例 67 少主语，可以修改为"由于我们有感情……"。例 68 少主语，可以修改为"……他已经有了结婚对象"。此类错误用例较多，在此不一一列举。

第二类句式是 S +（副词）+ 有 + O。用例如下：

例 69　他的教育方式很有特色。

例 70　我妈虽然老注意我生活上的一些缺点，但这都有道理。

此类句式在语料中共出现 39 个用例，且均为正确用例（例句见上述两例），习得情况非常理想。用例中宾语位置出现最多的是"道理"，还有"价值、意义、特色、问题、优势、力量、自信、信心"等词语。

第三类句式是 S + 介词短语 + 有 + O。例句如下：

例 71　短文也提到，父母的兴趣爱好、思想观念等等都对孩子有重大影响。

例 72　绿色食品对人的健康有帮助。

此类句式在语料中共出现 218 个用例，其中 185 个正确用例（例句见上述两例），23 个内部偏误用例，十个遗漏用例。内部偏误用例和遗漏用例如下：

例 73　旧时代虽然有对长辈怨言，可不敢说出来。

例 74　我本人也是吸烟的人。但我也了解对个人健康有不好的影响。

例 75　虽然一些国家让香烟公司专门缴纳"香烟税"，而这笔大钱对这些国家的经济有所好处。

例 76　抽烟对个人和公众的利益不好的影响。

例 73 为语序错误，可以修改为"旧时代虽然对长辈有怨言……"。例 74 少了主语，可以修改为"……但我也了解香烟对个人健康有不好的影响"。例 75 动词"有所"错误，可以修改为"……而这笔大钱对这些国家的经济有好处"。例 76 少了动词"有"，可以修改为"抽烟对个人和公众的利益有不好的影响"。

进一步分析后，我们发现内部偏误用例中的错误主要表现在：少主语、介词"对"遗漏或者错用为"给"、语序错误、动词"有"错用为"有所"等。另外，我们还发现出现在宾语位置的名词非常丰富，除了使用频次较高的"影响、好处、坏处"之外，还出现了"了解、危害、看法、自信、怨言、想法、好感、责任、贡献、疑问、兴趣、意见、把握、感觉、信心、作用、帮助"等词。

第四类句式是 S + V 有 + O。用例如下：

例 77　所以当然带有一种强烈的"公正性"。

例 78　人活着要抱有希望。而且就算是自己实在是忍受不了痛苦。

语料中共出现九个用例，其中八个为正确用例（例句见上述两例），一个为内部偏误用例。内部偏误用例如下：

例 79　我认为人们带有着服从前者的观念。

上例动词及助词错误，可以修改为"我认为人们持有服从前者的观念"。

此类用例中出现的动词有"持有、抱有、带有"三个，未见其他动词的用例。

韩日学习者"领有义"的习得情况见表 8 - 9。

表 8 - 9　韩日学习者"领有义"的习得情况

句式	正确	遗漏	内部偏误	总计	正确率	正确使用相对频率
S + 有 + O	601	32	57	690	87.1%	72.2%
S +（副词）+ 有 + O	39	0	0	39	100%	4.7%
S + 介词短语 + 有 + O	184	10	23	217	84.8%	22.1%
S + V + 有 + O	8	0	1	9	88.9%	1%
总计	832	42	81	955	87.1%	100%

（五）韩日学习者"有"字句各语义类型的总体习得情况

为了更直观、清楚地显示各语义类型的习得情况，列表进行统计，见表 8 - 10。

表 8 - 10　韩日学习者"有"字句各语义类型的习得情况

语义类型	句式	习得情况						
		正确	遗漏	内部偏误	正确率	使用频率	正确使用相对频率①	总计
包括、列举	S + 有 + 数量词或带数量词的名词短语	63	3	1	94%	17.4	5.3	67
	S + 有 + 数量词或带数量词的名词短语，有 + O，有 + O	10	1	2	76.9%			13
	S + 有 + A 和 B + （总数量）	5	1	0	83.3%			6
	总计	78	5	3	90.7%			86
比较	A 有/没有 B（这么/那么/这样/那样）+ 形容词/动词	5	0	0	100%	1.03	0.34	5
出现、发生	S + 有 + 动态助词（了/过/着）+ 动名词	28	1	3	87.5%	12.2	3.6	32
	S + 有所 + VP	24	0	1	96%			25
	S + 副词（大/广/稍）+ 有 + V	2	0	1	66.7%			3
	总计	54	1	5	90%			60
存在	处所短语/时间短语 + 有 + O	244	4	64	78.2%	72.6	19.1	312
	A 与（和/跟）B（之间）+ 有 + O	36	3	1	90%			40
	处所短语 + V + 有 + O	2	0	0	100%			2
	总计	282	7	65	80.1%			354
达到	S + 有 + 计量短语 + （形容词）	8	1	0	88.9%	3.31	0.8	9
	S + 有 + ……V/Adj	5	0	2	71.4%			7
	总计	13	1	2	81.3%			16

---

① 正确使用相对频率 = 个数/1 474×100，单位为百分之。

续表

语义类型	句式	习得情况						
		正确	遗漏	内部偏误	正确率	使用频率	正确使用相对频率①	总计
领有	S + 有 + O	601	32	57	87.1%			690
	S +（副词）+ 有 + O	39	0	0	100%			39
	S + 介词短语 + 有 + O	184	10	23	84.8%	196.7	56.4	217
	S + V + 有 + O	8	0	1	88.9%			9
	总计	832	42	81	87.1%			955
总计		1 262	56	156	82.5%	303.26	85.6	1 474

　　具体到每个语义类型，如表 8 - 10 所示，"领有义"的"有"字句使用频率最高，为万分之 196.7；其次为"存在义"，为万分之 72.6。以语义类型为分类标准，使用频率由高到低依次是领有义（196.7）、存在义（72.6）、包括列举义（17.4）、出现发生义（12.4）、达到义（3.31）、比较义（1.03）。韩日学习者"有"字句各语义类型的使用频率跟中国母语者的使用频率高度一致。②

　　从正确使用相对频率来看，如表 8 - 10 所示，"领有义"的"有"字句正确使用相对频率最高，为 56.4%；其次为"存在义"，为 19.1%。各语义类型正确使用相对频率由高到低依次是领有义（56.4%）、存在义（19.1%）、包括列举义（5.3%）、出现发生义（3.6%）、达到义（0.8%）、比较义（0.34%）。

　　由上可见，韩日学习者"有"字句各语义类型的使用频率和正确使用相对频率的趋势高度一致，因此可以推断出其习得顺序基本跟正确使用相对频率一致，其习得顺序依次为领有义、存在义、包括列举义、出现发生义、达到义、比较义。③

----

　　① 正确使用相对频率 = 个数/1 474 × 100，单位为万分之。
　　② 邢红兵等认为，"有"字句各语义类型的使用频率由高到低分别是领有、存在、列举和包括、发生或出现、达到。
　　③ 比较义中的用例全部正确，但不能因此就认为学习者已经完全习得了该语义类型，因为此类用例数量太少，只有五例。

由于"有"字句的语义类型所对应的句法形式不一，因此，同一语义类型内部各句式的习得情况也存在差异。也就是说，同一语义类型内部各句式的习得存在不平衡现象。"领有义"中内部各句式的习得顺序是：S＋有＋O＞S＋介词短语＋有＋O＞S＋（副词）＋有＋O＞S＋V＋有＋O。"存在义"中内部各句式的习得顺序是：处所短语/时间短语＋有＋O＞A与（和/跟）B（之间）＋有＋O＞处所短语＋V＋有＋O。"包括列举义"内部各句式的习得顺序是：S＋有＋数量词或带数量词的名词短语＞S＋有＋数量词或带数量词的名词短语，有＋O，有＋O＞S＋有＋A和B＋（总数量）。"出现发生义"内部各句式的习得顺序是：S＋有＋动态助词（了/过/着）＋动名词＞S＋有所＋VP＞S＋副词（大/广/稍）＋有＋V。"达到义"内部各句式的习得顺序是：S＋有＋计量短语＋（形容词）＞S＋有＋……V/Adj。"比较义"只有一个相应的句法形式。

（六）综合分析

（1）韩日学习者"有"字句的总体习得情况较为理想。但是不同的语义类型的习得不平衡，同一语义类型内部各句式的习得情况也存在差异，"S＋副词（大/广/稍）＋有＋V""S＋有＋……V/Adj""S＋有＋数量词或带数量词的名词短语，有＋O，有＋O""S＋有所＋V"①的正确率都在80％以下，低于所有"有"字句的正确使用率82.5％，因此，我们认为这些句式出现了化石化倾向。

（2）在所有偏误中，内部偏误的数量最多，其中主语部分的错误最多，这类错误主要是表"存在义"的主语前多介词和句子缺少主语；其次是动词错误，具体表现为"有"错用为"拥有、具有、领有"等。其他比较多的偏误包括主语＋对＋O＋有＋O中介词错误和遗漏"有"字、"有"字句错用为"是"字句等。另外，我们还发现学习者使用"有所"时后面常加名词而不是动词，出现了较多的错误。

（3）A、B、C三级学习者"有"字句的习得情况并没有随着汉语水平的提高而更好，出现了反复现象。

（4）基于各语义类型的使用频率和正确使用相对频率，我们认为韩日学

---

① 我们以改正后的句子的语义进行分类，所以语料中使用错误的"S＋有所＋V"被分为了其他句式，因此这类偏误句子并没有反映在"S＋有所＋V"句式中；统计中虽然这类句式的正确率很高，但实际上学生在运用中存在较多的"有所＋O"的偏误。

习者的习得顺序依次是表领有义"有"字句、表存在义"有"字句、表包括列举义"有"字句、表出现发生义"有"字句、表达到义"有"字句和表比较义"有"字句。

四、"有"字句问卷调查及访谈

为了进一步了解韩日学习者"有"字句的习得情况，我们对他们进行了问卷调查和访谈。

（一）问卷设计

调查以书面调查问卷的形式进行，为填空题，将"有"字放在句中正确的地方，此题意在考察留学生对"有"字用法的掌握。在设计调查问卷时主要以前文提到的句类为主，同时根据语料调查的情况进行了调整，共设计了八个问题作为调查内容。该调查在课下进行，不限定时间。（问卷详见书末附录。）

（二）调查对象

我们随机选取了 HSK 5 级以上的韩日留学生作为测试对象，参加调查的对象都是全日制在校生，都在学校接受正规的汉语教育，背景非常整齐。本调查时间为 2016 年 6 月和 12 月，参与调查的学生共计 19 名。

（三）调查结果及分析

我们将问卷调查结果进行统计，整理出韩日留学生习得"有"字句的正确和错误使用情况见表 8 - 11。

表 8 - 11　韩日留学生问卷调查中"有"字句的使用情况

句式	正确	错误	正确率
S + 有 + O	19	0	100%
S + V + 有 + O	12	7	63.2%
S + 很 + 有 + O	14	5	73.7%
S + 有 + V	19	0	100%
S + 有所 + V	13	6	68.4%
S + 状语 + 有 + V	14	5	73.7%
A 有 B 这么/那么 + 形容词	13	6	68.4%
S + 有 + 数量 + 形容词	18	1	94.7%

从表 8 - 11 看出，正确率比较高的句式是"S + 有 + O、S + 有 + V、S + 有 + 数量 + 形容词"，而句式"S + V + 有 + O、S + 有所 + V、A 有 B 这么/那么 + 形容词"的错误率较高。

随后，我们对部分学生进行了访谈，问及错误率比较高的句式"S + 有所 + V、S + V 有 + O"为什么做错时，他们回答没学过这个句式，不知道怎么用，就根据语感选了一个。另外，很多学生不知道句式"S + 有 + 数量 + 形容词"表"达到"义，虽然选择的答案是对的。

五、"有"字句的偏误原因分析

近年来，关于中介语偏误产生的原因，学界多从语言迁移、目的语规则泛化、教学、学习策略、交际策略等方面分析。汉语的"有"语义丰富，句式复杂，不能和韩日语的句式一一对应。韩语、日语中也不存在某个词能完全对应"有"。汉语中不同意义的"有"，经常对应韩语、日语中不同的动词。洪花（2010）认为，"有"字句的存在、领有，领属、列举和包含等语义句式对应韩国语的为"있다（～itda）"或"이다"；表示估量、评价、发生或出现的语义的句式，在韩国语中用"되다"；表示比较语义的句式，在韩国语中用"안吾（mankum）"。刘瑜（2012）认为，日语动词"ある"能与汉语的"有"字句对应的语义类型有表示存在，表领属、领有及表示评价，其中表领属和领有还可以替换成其他动词，属于多对一类型；在表估量时起作用的不是动词"ある"，而是表示估量或推量的副词或助动词，需要根据具体句子选择合适的表达；在表示比较语义时不能够与汉语的"有"字句对应；在表示发生、出现语义时，汉语的"有"不能直译成日语"ある"，同样，日语的"ある"也不能直译成汉语的"有"。汉语中一个"有"字却对应韩日语中的多种形式，学习者在使用此类句式时难免出现这样那样的错误，因此，我们认为语言间的差异是造成学习者偏误的重要原因。

另外，本书针对研究中提到的典型偏误，努力探寻产生偏误的其他可能原因。韩日学习者出现的典型偏误有：句式"处所短语/时间短语 + 有 + O"前加介词"在"；主语 + 有所 + 名词；"有"同近义词"拥有、具有、领有"等混用；"主语 + 对 + O + 有 + O"中介词错误和遗漏"有"字；"有"字句错用为"是"字句等。

句式"处所短语/时间短语 + 有 + O、主语 + 有所 + 动词、主语 + 对 +

O+有+O"都有固定的结构或搭配,学习者应把它们作为一个整体来记忆,然而学习者的作文中出现了较多的偏误,我们认为这是学习者对目的语的规则掌握不到位造成的。另外,在教材中有些句式比如"主语+对+O+有+O"并未作为语法点进行专门介绍,学习者在学习此类句式时是随词语学习的,因此,学习者只是分散地、零碎地学习了此类句式,这也可能造成了学习者的偏误较多。

语料中还出现了较多的"有"同近义词"拥有、具有、领有"等混用、"有"字句错用为"是"字句的偏误。这两种偏误是近义词和相近句式的混用,教学中教师应对他们的相同点和不同点进行讲解和强调。韩日学习者出现了混用现象,既可能是教师的课堂教学不到位,也可能是教师进行了充分的教学,但是学习者并没有好好掌握。

六、教学对策

"有"字句句式和语义纷繁复杂,导致韩日留学生的偏误也呈多样性,根据前文的分析归纳,如何更好地、有效地教好"有"字句显得格外重要。本章将从前人研究的基础出发,结合韩日留学生习得各句式的偏误情况和调查问卷及访谈的分析,尝试从教学和教材上提供一点建议,希望能对对外汉语"有"字句教学有所帮助。

(1)作为特殊句式之一,"有"字句在教学中并没有引起足够的重视。句式教学一直是对外汉语教学的重点和难点,以往的教学侧重于解释形式和结构,而对语义和语用涉及较少。吕文华在《对外汉语教学语法体系研究》中指出:"语言是一种复杂的形式和意义的结合体,单从结构方面或者从意义方面进行教学是不全面的。""有"字句句式繁多,且句式和义项间并不是一一对应关系,一个义项可以对应多个句式,一个句式可以对应多个义项。所以,在讲授"有"字句时,可以将句式加以细分,并引出各自的语义特征,对其下位句式进行引导和专门的训练。在留学生掌握了基本的结构规律和语义特点后,适当地引出"有"字句的语用功能,即教学时应将句法语义语用有机结合。

(2)柯德在其《学习者言语错误的重要意义》中提出:"第二语言学习者在语言习得的过程中有其自己的内在大纲,而学习者的种种偏误是这种内在大纲和我们课堂教学所产生的矛盾的反映。当教师的教学安排与学生的习得规律，即内在大纲不一致时，就会影响到第二语言的习得。"因此，我们提出"有"字句教学要分阶段进行，每个阶段都有不同的侧重点。初级阶段以"有"字句的基本句式为主，比如"S＋有＋O"句式表存在、表领有，可以单一句式单一语义地讲解操练；中高级阶段讲练习得难度大、偏误率高的句式，比如表领有的句式"S＋V有＋O"、表出现发生的句式"S＋副词＋有＋V"和"S＋有所＋V"等。

（3）加强构式教学。"有"字句中"A对B有＋O"这个句式结构并不复杂，但韩日留学生的作文中出现了较多的遗漏"有"或者介词"对"，或者"对"错用为"给"的现象。因此，在教学中我们可以将"对……有影响/好处/坏处/看法/想法/责任/意见/把握/感觉/信心/作用/帮助"作为一个构式进行讲解练习。学习者一旦对这个构式熟悉并固化在脑中，就不会出现遗漏某些成分或者错用的情况了。

（4）现有的教材"有"字句各语义类型在教材中的呈现不够系统全面，呈现顺序比较随意。以《汉语教程》为例，第一册出现了表领有义的句式"S＋有＋O"、表达到义的"S＋有＋……Adj"，第二册出现了表"达到义"的句式"S＋有＋数量短语"、表比较义的"A没有B＋那么＋形容词"，第三册出现了表存在义的句式"S＋有＋O"、表包括列举的"S＋有＋A和B＋（总数量）"。以上句式并没有涵盖《汉语水平等级标准与语法等级大纲》的甲级句式。鉴于教材现状，教师可在进行各语义类型的教学时，根据各句式的使用频率及习得难度进行适当补充。例如学到"表包括列举义"的"S＋有＋A和B＋（总数量）"句式时，可以把其他两种句式一同介绍练习。

（5）加强近义词"有、拥有、具有"和"是"字句、"有"字句的辨析。"具有"是书面语，宾语多为抽象事物；"拥有"的东西往往量大，而且宾语必须是双音节词；"有"的宾语可以是具体名词，也可以是抽象名词，可以是单音节词，也可以是双音节词和多音节词。"是"字句虽然跟"有"字句都表存在义，但使用"是"字句时是已经知道某地存在东西，主观上想突出强调此物。

（6）除此之外，教师应该对韩日留学生习得"有"字句的特点有一定的了解，利用已有的研究成果设计教学，备课时做好偏误预测，针对偏误率高的句式精讲多练，避免模糊讲解，努力创造真实语境，帮助学生记住某些难度大的语法规则，形成程序性知识，使他们能熟练运用各类句式。

第九章

韩日背景高级学习者汉语
特殊句式习得的讨论

一、特殊句式习得的不平衡现象

通过对八种特殊句式的习得情况进行考察，我们发现韩日背景高级学习者特殊句式习得存在不平衡现象，具体表现在两个方面：

一是八种句式之间存在不平衡现象。首先从正确率来看，正确率较高的是使令类兼语句、"比"字句、"是……的"句（一）和"有"字句，都在80%以上；其次是"是"字句和"是……的"句（二），正确率为75%以上；正确率较低的是"把"字句和"被"字句，正确率在70%以下。可见八种句式中习得情况较好的句式是使令类兼语句、"比"字句和"有"字句；习得情况较差的是"把"字句和"被"字句。从使用频率来看，八种句式由高到低排列，依次是"是"字句、"有"字句、"是……的"句（二）、使令类兼语句、"把"字句、"比"字句、"被"字句、"是……的"句（一）。其中，使用频率较高的是"是"字句、"有"字句和"是……的"句（二）；使用频率较低的是"比"字句、"被"字句和"是……的"句（一），详见表9-1。

表9-1　八种特殊句式的使用情况

句式	使用总句数①	正确句数	错误句数②	正确率	使用频率③
"把"字句	528	401	185	68.4%	11
"被"字句	200	149	81	64.8%	4.76
"比"字句	265	225	40	84.9%	5.4
兼语句	693	631	109	85.3%	14.3
"是"字句	3 966	3 282	929	77.9%	82.04
"是……的"句（一）	144	122	22	84.72%	2.98
"是……的"句（二）	1 092	831	261	76.10%	22.59
"有"字句	1 473	1 262	267	82.5%	30.4

二是同一句式内部存在不平衡现象。本研究考察的各种特殊句式句法形式复杂多样，习得难度也各有差异，因此，学习者对其各自下位句式的习得

---

① 包括正确、内部偏误、泛化。
② 包括内部偏误、泛化、遗漏。
③ 使用频率＝使用总数/483 409（作文总字数）×10 000，单位为万分之。

也出现不平衡现象。下文以"是"字句为例加以说明，见表 9 – 2。

表 9 – 2   "是"字句各下位句式的习得情况

语义类型		总计	正确	正确率	使用频率
存在		13	10	76.9%	2.68
等同	S + 是 + 宾语	1 238	1 124	91%	400.69
	S + 就是 + 宾语	323	232	71.8%	
	"的"字短语 + （就）是 + 宾语	378	359	94.9%	
	总计	1 939	1 705	88%	
归类		1 317	1 109	84.2%	271.19
肯定	"是"重读	23	21	87.5%	35.78
	"是"轻读	150	125	82.3%	
	总计	173	146	84.5%	
描写说明	描写说明情况	118	89	75.4%	32.89
	表比喻关系	42	35	82.3%	
	总计	160	124	77.5%	
说明解释	说明原因目的	160	129	81%	48.34
	对情况做出解释	64	46	71.8%	
	表解释的无主句	5	4	80%	
	总计	229	179	78.2%	
"是"前后用相同的词语	表让步义	3	3	100%	1.86
	肯定主语就是宾语所代表的那一类	6	6	100%	
	总计	9	9	100%	
总计		3 840	3 282	77.9%	792.28

从表 9 – 2 可以看出，不仅"是"字句各语义类型之间的习得存在不平衡现象，同一语义类型内部也存在不平衡现象。在"是"字句的七种语义类型中，正确率最高的是"'是'前后用相同的词语"，其次是"等同义""归类义""肯定义"；正确率最低的是"说明解释义""描写说明义""存在义"。同一语义类型内部，以"等同义"为例，正确率较高的是"S + 是 + 宾语"和"'的'字短语 + 是 + 宾语"，"S + 就是 + 宾语"的正确率最低。从使用频率来看，使用频率最高的是表"等同义"、归类义的"是"字句；其次是表

"说明解释义""肯定义""描写说明义"的"是"字句；使用频率最低的是表"存在义"及"A 是 A"类"是"字句。

二、特殊句式习得的化石化现象

前面说过，学界通常以正确率作为习得的标准。以此为标准，我们发现八类特殊句式的某些下位句式出现了化石化现象，见表 9-3。

表 9-3　出现化石化倾向的句式汇总

特殊句式	出现化石化倾向的下位句式
"把"字句	主 + 把 + 宾 + 动 + 情态补语
	主 + 把 + 宾 + 动 + 了
	主 + 把 + 宾 + 动 + 到 + 宾语
	主 + 把 + 宾 + 动 + 给 + 宾语
"被"字句	N1 + 被 + N2 + V + N3（"被"后出现施事，动词后带宾语）
	N1 + 被 + V + N2（"被"后未出现施事，动词后带宾语）
	N1 + 被 + V + C（"被"后未出现施事，动词后带补语）
"比"字句	X 比 Y + 动词（心理动词/能愿动词/有）+ 宾语（名词或动词）
	X 比任何/什么/谁 + 都 + 形容词/动词
	"不比"句
兼语句	"使"字句
"是"字句	S + 是 + 宾语（表存在义）
	S + 就是 + 宾语
	描写说明情况
	对情况做出解释
"是……的"句（一）	是 + 主谓短语 + 的 + 宾语
"是……的"句（二）	主语 + 是 + 能愿动词 + 动词/动词短语 + 的
	主语 + 是 + 其他短语 + 的
"有"字句	S + 副词（大/广/稍）+ 有 + V
	S + 有 + ……V/Adj
	S + 有 + 数量词或带数量词的名词短语，有 + O，有 + O
	S + 有所 + V

三、特殊句式习得出现偏误的主要原因

特殊句式的习得，跟教材、教师、语言（包括目的语和母语）及学习者自身情况等四方面因素关系密切。这里我们尝试从这四个方面入手，分析学习者特殊句式习得过程中出现偏误的主要原因。

（一）教材方面

教材是教师执教和学生学习的依据，是教学内容的载体，教材编写质量直接影响着教学效果。对特殊句式而言，各特殊句式下位句式的选取、编排显得特别重要。以《汉语教程》为例，我们考察后发现，虽然教材从总体上存在一个前后有序、由简到繁的语法序列，但是某些语法项目的下位句式却存在前后无序、繁简混杂的现象。比如，《汉语教程（修订本）》第二册（下）第 12、13 课集中出现了"把"字句的 12 种下位句式，除了我们研究中考察的"主 + 把 + 宾 + 动 + 为/做 + 宾语""主 + 把 + 宾 + V（光杆儿动词）""主 + 把 + 宾 + 连谓结构"三种句式外，其他句式都出现了。第 19 课中则只出现"主 + 把 + 宾 + 动 + 做 + 宾语"一种句式。除了"把"字句以外，"被"字句、"比"字句、兼语句都存在这样的问题。而根据我们的研究，上述句式的下位句式的习得难度是存在差异的，如果把它们一股脑儿呈现在一两课中，既会增加学习者的学习负担，也不符合学习规律。另外，教材中的某些解释说明也存在不严谨现象。仍以"把"字句为例，教材在说明使用"把"字句的要求时提到"动词后面一定有其他成分"（第 36 页），而我们的研究发现，"把"字句中是可以出现光杆儿动词的。教材中类似的语法说明可能会误导教师和学习者，使他们认为动词后一定要加其他成分，我们所考察语料中就有这样的用例。①

（二）教学方面

在教学中，教师是教学活动的主导者和组织者，是知识的传承者，学生的学习效果受教师的影响很大，因此，教师在教学中具有极其重要的作用。正确全面的汉语知识储备是作为一名合格的汉语教师的必要条件。我们在访谈中发现，学习者很多不太准确的信息来自教师。比如有学习者说"后面有结果或者要强调宾语时要使用'把'字句"，这多半是从老师那儿得到的印

---

① 详见"把"字句一章例 82。

象，或者老师就是这样讲解的。实际上关于"把"字句的语义和使用条件很多专家都探讨过（前面已有论述），将"把"字句的使用条件说成"后面有结果或者要强调宾语时"是不准确的，至少是不全面的。这也从另一个方面说明教师并不知晓或者不能全面了解"把"字句的使用条件。又如"被"字句，不少学生反映，"说明不好的事情时，要用'被'字句"，这也可能是老师的多次强调给学生们留下了很深的印象，从而形成了错误的观念。

（三）学习者方面

学习者是教学的主体，知识经由教师的讲授，必须再经过学习者的学习内化才能为他们所习得。在特殊句式的习得研究中，我们发现一个普遍现象：学习者知道该用某种句式，但是在使用时却存在这样那样的问题，也就是研究中提到的"内部偏误"。访谈中学生也说到某些句式已经学过，但是忘记怎么用了，从而出现了缺少某些成分、语序错误等偏误。可见学习者在学习句式时，一方面没有把它当作一个整体来学习，另一方面对句式的复习不够，导致虽然听懂了老师的讲解，但是因为加工不够而造成了很多使用错误。比如，"比"字句中的下位句式"A 比 B + Adj + 得多"，这是一个常用句式，语义也比较容易理解。但是学生或者把"多"换成其他形容词，或者换成数量短语。我们推测学生已经意识到表达程度差异大时需要使用此种句式，但是对句式结构的把握不准不牢，才导致上述偏误。

（四）语言方面

人们在进行外语学习时，一方面要学习目的语，另一方面也要努力克服母语负迁移的影响。我们此次研究的汉语八种特殊句式本身句法结构复杂，语义表达丰富，是教学的难点。同时，汉语和日语、韩语也有较大的差异。汉语是孤立语，基本语序是"SVO"，而韩语、日语跟汉语属于不同的语系，其基本语序是"SOV"。一般来说，目的语跟母语一致的语言项目比较容易习得，而跟母语差异大的语言项目则较难习得。我们研究发现，学习者母语的负迁移也是造成偏误的原因之一。以兼语句为例，韩国学习者的兼语句中出现了遗漏 V1 现象，我们推测是因为韩语使令类兼语句偏重 N2 的动作行为，句中一般只出现 V2，而 N1 的动作行为 V1 有时不出现。又如韩日学习者的作文中出现了大量的"是 + 形容词性结构"的用法。据考察，我们发现韩语、日语中的形容词谓语句中的形容词后常常有附加成分，这个附加成分相当于汉语的"是"，因此推测韩日学习者在形容词谓语句中误加"是"是受了母语的影响。

当然，上述四种因素也可能同时发生作用。比如，韩日学习者的作文中出现了较多的"A 比 B + 程度副词 + Adj"错误，我们认为这可能是多种因素作用的结果。在汉语"比"字句中，形容词谓语前边只能用"更""还"等相对程度副词，不能用"很""真""太""好""非常"等绝对程度副词。而在韩语、日语比较句中没有这样的限制。另外，除了母语的负迁移以外，学习者对汉语语法规则的过度泛化和对此句式掌握的不到位也是造成此类偏误的原因之一。

四、特殊句式的教学对策

了解了学习者产生偏误的原因，就可以针对这些原因，有的放矢地提出相应的教学对策。

（一）教学对策

基于前文偏误产生的原因分析，我们提出以下教学对策：

1. 教材方面

应吸取特殊句式的最新本体和习得研究成果，科学地选取、讲解和排列其下位句式，努力做到分阶段、分层次地呈现各个下位句式，并注意复现和强化。（前面各章节均有详细论述，在此不再详述，下同）

2. 教学方面

教师应提高自己的专业水平，要加强对特殊句式本体和习得的研究和了解；知晓学习者的易错点，提高纠错的针对性，对偏误率高的句式进行重点纠错；教学设计中充分考虑学生的母语背景，提高句式教学的针对性；应加强汉外对比，了解汉语各特殊句式在其他语言中的表现形式及与其他语言的不同，强化难点教学；教学时寻找高效的句式教学模式。

3. 学生方面

搞清楚各句式的使用条件；把各句式作为一个整体进行认知，牢记各句式的语法形式；努力搞清楚汉语的语法项目同母语之间的异同，知晓并克服学习的难点。

（二）"把"字句的教学

上面只是宏观地说明了特殊句式的教学对策，下面以"把"字句为例，详细谈谈"把"字句的教学。①

根据"把"字句的语义类型和出现频率，借鉴其他学者的研究成果，本书将"把"字句细分为六种构式：位移构式、变化构式、处置构式（没有结果）、认同构式、致使构式、不如意构式。每一种构式下包括"把"字句的几个小句类。

1. "把"字句的第一种构式：位移构式

位移构式的语义是施事者通过某种具体动作对某确定的接受者施加作用和影响，使接受者发生了位置的移动（包括关系的转移）。其结构如下：

句法结构：　主语 ＋ 把 ＋ 宾语1 ＋ 动词 ＋ 在/到/向/给 ＋宾语2
语义结构：[施事者]　　　[接受者][动作]　　　　　　　　[地点]

在此需要特殊指出的是，虽然"主语＋把＋宾语1＋动词＋给＋宾语2"中的宾语2表面上并不是地点，而是宾语1被转移给的对象（人），但究其实质也是宾语1从一个对象所在的地方转移到宾语2所指称的对象所在的地方，因此，我们把此类"把"字句归为位移构式。根据吕文华（1994）的统计，此类构式的出现频率占所有"把"字句的27.8%。具体实例如下：

老师把书放在桌子上了。

你把椅子搬到外边。

孩子把香蕉扔向猴子。

他把礼物送给那个女孩了。

2. "把"字句的第二种构式：变化构式

变化构式的语义是施事者通过某种具体的动作对某确定的接受者施加作用和影响，使接受者发生某种变化或者产生了某种结果。其结构如下：

句法结构：　主语＋把＋　宾语　＋　动词＋结果补语/情态补语/趋向补语/了
语义结构：[施事者]　[接受者][动作]　　　　　　[新情况]

据吕的统计，此类构式的出现频率占所有"把"字句的50.3%。具体实例如下：

我把门打开了。

他把盘子里的菜吃得干干净净。

① 以下节选自"构式语法理论下的特殊句式'把'字句的教学"，原载首都经济贸易大学学报2014年第1期，作者：崔淑燕。

你得把他带回来。

同屋把我的牛奶喝了。

在此我们要强调不是所有能进入"把"字句的动词都可以用于"主语＋把＋宾语＋动词＋了"。刘月华（2001）指出，一般来说，只有表示动作一旦发生就会有结果的动词才可以这样用，此类动词有吃、喝、吞、丢、赔、掉、扔、砍、摔、熄、灭、停、关、闭、吐、改、洗、甩、忘、杀、戒、拆、解决、消灭、辞、湿、退等。

3. "把"字句的第三种构式：处置构式

此类构式跟前两类不太一样，它虽然也是施事者通过某种具体的动作对某确定的接受者施加作用和影响，但是接受者未发生变化或者产生结果。其结构如下：

句法结构：　主语＋　把＋　宾语＋　动词＋（了／一）＋动词

　　　　　　主语＋　把＋　宾语＋　动词＋动量

　　　　　　主语＋　把＋　宾语＋　一＋动词

语义结构：［施事者］　　　［接受者］　　［动作］

据吕的统计，此类构式的出现频率占所有"把"字句的 6.6%。具体实例如下：

你把黑板擦一擦。

他把书往书包里一放，就跑出去了。

我把今天学习的生词写了五遍。

4. "把"字句的第四种构式：认同构式

此类构式的语义是认知主体把某确定的认知客体认同或变化为另一事物。认同或变化的前提是认知客体和另一事物在性质或特征上具有相同或相似性，这种认知过程完全是主观的。其结构如下：

句法结构：　主语＋　把＋　宾语1＋　动词＋成／做／为＋宾语2

语义结构：［认知主体］　［认知客体］［认知动作］　　　［认知结果］

据吕的统计，此类构式的出现频率占所有"把"字句的 6.3%。具体实例如下：

他把他看成朋友。

我把他当作最好的朋友。

他把金钱视为生命。

5. "把"字句的第五种构式：致使构式

此类构式是致使者（非生物体）通过某种具体动作使接受者产生了某种结果或发生了某种变化。致使者常常是结果或变化的引起者，是事件的外部原因，对事件的发生负有责任。其结构如下：

句法结构：　主语 +　把　宾语 +　动词 + 结果补语/状态补语

语义结构：［致使者］　　　［接受者］［动作］　　　　［结果/状态］

与之前的四类构式不同，此类构式的致使者常为非生命体，而接受者为生命体。据吕的统计，此类构式的出现频率占所有"把"字句的 1.5%。具体实例如下：

桑葚把孩子的舌头都吃麻了。

那件事把他气死了。

北京这几天都 30 多度，把我热得晚上都睡不着觉。

6. "把"字句的第六种构式：不如意构式

此类构式意在表示不如意，是施事者（生命体和非生命体）通过某种动作对接受者施加作用或者影响，使接受者产生了不如意的结果。此类构式口语中常见。其结构如下：

句法结构：　主语 +　把　宾语 + 给 + 动词 + 其他

语义结构：［施事者］　　　［接受者］［动作］　　［结果］

构式中动词前的"给"字有加重语气的作用。据吕的统计，此类构式的出现频率占所有"把"字句的 1.1%。具体实例如下：

他把我的照相机给弄坏了。

他把母亲给气死了。

洪水把很多房屋给冲倒了。

以上六种构式虽然没有囊括所有的"把"字句，但其覆盖率已达到 96% 以上，具有极高的代表性。

本书将"把"字句分为六个构式，具体这六个构式如何在课文中呈现，我们需要综合考虑各种要素，既要考虑到中国人实际交际中的使用频率（使用频率高的要教、先教，使用频率低的不教或后教），又要参考学生的习得顺序（当前对不同群体"把"字句的习得顺序的研究比较多），还要考察语法结构本身的难易程度，等等。这是一个系统工程，需要综合权衡各方面因素才能做出科学合理的编排。我们认为可以把六个构式分散在六课中分别呈现、讲练。课与课之间要有一定的间隔，而不是集中在一两课中，具体的编排顺序如下：

初级阶段：

构式一：位移构式

构式二：变化构式

中级阶段：

构式三：处置构式

构式四：认同构式

高级阶段：

构式五：致使构式

构式六：不如意构式

我们把构式一排在第一的位置，原因有二：一是此类构式是必用"把"字句的情况；二是该构式动词后的介词宾语形式简单易学、句法形式和语义对应明显，学生较易习得。关于构式二，统计表明，这类构式有着极高的使用频率，本着急用先学的原则可以排在第二，又因为此类句式跟结果补语、情态补语和趋向补语有关联，因此此类构式须在学生学完上述补语后方能进行。

这两个构式基本上对应于《汉语水平等级标准与语法等级大纲》中甲级和乙级大纲的"把"字句结构，因此都安排在初级阶段。

我们把构式三、构式四排在第三，作为中级阶段的教学内容；构式五和构式六排在最后，作为高级阶段的教学内容，是参考"把"字句的习得顺序研究结果和《汉语水平等级标准与语法等级大纲》而来。另外，我们在分析"HSK 作文动态语料库"时发现，获得 HSK 高等证书的汉语学习者的作文中极少出现构式五和构式六的用例，因此，我们认为这应该作为高级阶段"把"字句的重点教学内容。

在教学实践中，我们建议把每一种构式看作一个认知整体，让学生对每一构式的句法结构和语义结构进行整体记忆和模仿，建立"把"字句的不同构式的结构框架，知晓不同构式的语义限制，知道什么时候该用"把"字句并且准确地使用"把"字句，从而提高"把"字句的教学效率，降低偏误率。

附　　录

附录一　日本留学生汉语语法学习情况调查问卷

下面的问卷旨在研究在华留学生汉语语法学习的情况。所有这些问题都经过精心选择，请认真回答每一题。所收集的数据只用作研究，我们负责保密。非常感谢您的参与！

一、基本情况

性　　别：男　　女　　　　　　　　　班级：＿＿＿＿＿＿＿班

学习时间：＿＿＿＿＿＿＿个月　　　　HSK：＿＿＿＿＿＿＿级

二、练习题

（一）选择题。

1. 他不小心＿＿＿＿＿＿＿。

A. 把椅子倒了　　B. 把椅子撞倒了　　C. 把椅子撞了　　D. 撞倒了把椅子

2. 你要＿＿＿＿＿＿＿，别丢了。

A. 把钱好　　　　B. 把钱存　　　　C. 存好把钱　　　D. 把钱存好

3. 老师说："请你＿＿＿＿＿＿＿。"

A. 把你的护照交给我　　　　　　B. 把一个护照交给我

C. 把你的护照交我　　　　　　　D. 把给我你的护照

4. 我的衣服很脏，妈妈说："＿＿＿＿＿＿＿。"

A. 你把衣服洗　　　　　　　　　B. 你把衣服洗洗吧

C. 你把衣服洗吧　　　　　　　　D. 你把衣服洗着

5. 我没看清楚，请你＿＿＿＿＿＿＿，好吗？

A. 把录像放一遍　　　　　　　　B. 再把录像放一遍

C. 把录像一遍放　　　　　　　　D. 把录像放再一遍

6. 我送朋友一盆花，她＿＿＿＿＿＿＿。

A. 把花摆在卧室里了　　　　　　B. 把花在卧室里了

C. 摆花在卧室里了   D. 把花在卧室放

7. 他的英文很好，他_____。

A. 把一本书翻译成英文了   B. 把这本书翻译英文了

C. 把这本书翻译成英文了   D. 把这本书成英文了

8. 我今天_____。

A. 把护照来了   B. 带来护照   C. 把护照带了   D. 把护照带来了

9. 我去图书馆_____。

A. 把书还了   B. 把书还了还   C. 把书还一还   D. 还了把书

10. 我来北京的那天，妈妈_____。

A. 把我送在机场   B. 把我送到机场   C. 把我到机场   D. 把我送机场

11. 天气太热，我_____。

A. 把啤酒放冰箱里了   B. 把啤酒进冰箱里了

C. 放啤酒进冰箱里了   D. 把啤酒放进冰箱里了

12. 爸爸常常对我说："_____。"

A. 别把东西扔乱   B. 把东西别扔乱

C. 别把东西乱扔   D. 把东西别乱扔

13. 妈妈说："外面下雨了，你应该_____。"

A. 把衣服拿来   B. 把衣服拿进来   C. 把衣服拿进   D. 把衣服拿

14. 妈妈_____。

A. 把杯子洗干干净净的   B. 把杯子干干净净地洗

C. 把杯子洗得干干净净的   D. 干干净净把杯子洗得

15. 我_____，非常喜欢她。

A. 把她看自己的妈妈   B. 把她看作自己的妈妈

C. 把她做自己的妈妈   D. 看作她自己的妈妈

16. 炒鸡蛋时，先往锅里倒点儿油，_____，倒出来。

A. 把鸡蛋进去炒一会儿   B. 把鸡蛋放进去炒一会儿

C. 把鸡蛋炒一会儿放进去   D. 把鸡蛋炒进去放一会儿

（二）请把下面的日语翻译成汉语。

①小李：あのお洋服を売りましたか？老板：早就卖了。

②你说得真好，どうぞ続けてください。

③妈妈：你收到朋友的信了吗？我：没有。彼が私の住所を書き間違

えた。

④先生，你的车挡住路了。車を移動してください。

⑤汉字真难，よく"酒"を"洒"に書いてしまいます。

⑥我昨天跟玛丽借了20块钱，今日は彼女に返すつもりです。

⑦小明：妈妈，我的衣服在哪儿?：妈妈：収納に入れました。

⑧快过年了，お母さんは部屋をきれいに掃除しました。

⑨車を前に押してみました，但推不动。因为我的力气太小了。

⑩朋友要给我寄明信片，我对他说："手紙を12番留学生寮に郵送してください。"

⑪考场的门上写着：本と携帯の持ち込みを禁止します。

⑫你的脸太脏了，早く顔を洗ってきてください。

⑬在中国，学校の先生を家族のように思います。

⑭有人流血了，早くお医者さんを呼んできてください。

⑮明天就要考试了，もう一回復習してみよう。

⑯炸豆腐的做法：把锅放在火上，往锅里倒点油，然后豆腐を入れて、しばらく揚げてください，最后别忘了加点调料。

（三）把下列句子改成比较句，并用上括号内的词。

1. 学生八点来的教室，老师八点十分来的教室。（早）

2. 昨天的最高气温是35度，今天的最高气温是38度。（更/还）

3. 这件衣服小，那件衣服大。（没有）

4. 我的电脑贵，他的电脑便宜。（贵/便宜）

5. 这个绿色的皮包398元，那个红色的皮包400元。（一点儿）

6. 玛丽的身高是170cm，田芳的身高是160cm.（10cm）

7. 我考了80分，他考了100分。（得多/多了）

8. 我跑得很快，他跑得更快。（没有）

9. 他写汉字写得很快，我写得很慢。（没有……那么……）

（四）阅读下面的句子，如果你觉得句子是对的，请划"√"；如果你觉得是错的，请划"×"，并改正过来。（例如：他中国人。"×"改为：他是中国人。）

1. 老师们就决定使我念二年级了。

2. 两年前，他的小说《人生》使他目前日本最著名的作家之一。

3. 广场里有许多警察，让我有点儿紧张起来。

4. 一看见那个东西，就使我很生气。

5. 人们随地乱扔东西让干净的环境受到破坏。

6. 为了使将来能够听到更好听的流行歌曲，我们不要下载免费音乐。

7. 人们不应只顾自己，而要看得远一些，不要使更多的人去挨饿！

8. 所以他们辛苦地挣钱，给孩子多学知识。

9. 目前在个人的人品方面，也发生了很多变化，使得人们变得越来越自私。

10. 如果那时候把汽车喇叭声换成狗叫声的话，那么让人会发笑。

11. 我们不应该让它放弃，因为我们是人类。

12. 我们要发展社会，将来这个世界没有饥饿的人。

13. 我又不经常给你打电话，叫你担心。

14. 明年一月我在美国的时候，一定要请您到美国来。

15. 我说出的话令人发笑时，我心里很难过。

16. 吃了这些东西，人们不仅得不到身体所需的营养，反而会使农药进入体内。

（五）在空白处填上合适的词语。可能会用到的词语有给、使、让、请、叫、把、使得等。

1. 老师＿＿＿＿＿我每天做功课。

2. 下周一的考试＿＿＿＿＿他造成了很大的压力。

3. 他常常撒谎，这＿＿＿＿＿别人对他产生了很差的印象。

4. 我们不能因为追求名利而＿＿＿＿＿我们成为金钱的奴隶（slave）。

5. 因为很多外地商人的投资而＿＿＿＿＿上海有了很大的进步。

6. 我想＿＿＿＿＿你做我们的老师。

7. 爸爸不＿＿＿＿＿我喝酒。

8. 听说我还没有男朋友，她想＿＿＿＿＿她的哥哥介绍给我。

9. 他＿＿＿＿＿我去他的公司上班。

（六）将"有"放在正确的位置上。

1. 玛丽 A 画画很好，老师常 B 夸她 C 创造力。

2. 他 A 身上 B 藏 C 一把手枪。

3. 在学习汉语 A 方面，他 B 很 C 天赋。

4. 农村 A 生活条件 B 不太好，不过近几年 C 变化。

5. 今年 A 留学生的汉语水平 B 所 C 提高。

6. 最近 A 这方面的 B 研究大 C 进展。

7. 他看起来 A 小明 B 那么 C 高。

8. 这条鱼 A 至少 B 也 C 二十斤重。

（七）判断下面句子是否符合汉语语法，并用数字给每个句子打分：

1. 非常不合语法（1分）　　　　2. 可能不合语法（2分）

3. 可能符合语法（3分）　　　　4. 非常符合语法（4分）

1. 王老师被学生们喜欢。1　2　3　4

2. 小明的钱包被小偷偷走了。1　2　3　4

3. 他的词典被借了。1　2　3　4

4. 一个杯子被小王打破了。1　2　3　4

5. 他被这件事很伤心。1　2　3　4

6. 大树被风倒了。1　2　3　4

7. 我被他的热情感到幸福。1　2　3　4

8. 那支歌被他唱了。1　2　3　4

9. 那杯茶被玛丽喝了。1　2　3　4

10. 我的自行车被小明骑坏了。1　2　3　4

11. 我的钱包被偷了。1　2　3　4

12. 一个钱包被小李找到了。1　2　3　4

13. 我们被这样的问题习惯了。1　2　3　4

14. 那本书被小明读了。1　2　3　4

15. 妈妈被孩子每天都很忙。1　2　3　4

16. 他被坏人死了。1　2　3　4

17. 这首歌被年轻人欢迎。1　2　3　4

18. 我是被父母决定来中国留学的。1　2　3　4

19. 那个苹果被我吃了。1　2　3　4

20. 不抽烟的人常常被抽的人为难。1　2　3　4

参考答案：

1. 你把那件衣服卖了吗？

2. 请你把话说下去。

3. 他把我的地址写错了。

4. 请你把你的车开走。

5. 我常常把"酒"字写成"洒"字。

6. 今天我要把钱还给她。

7. 我把它放进衣柜里了。

8. 妈妈把房子打扫得干干净净的。

9. 我把车向前推……

10. 请把信寄到留学生宿舍 12 号楼。

11. 请把书和手机放在外边。

12. 快去把你的脸洗一洗。

13. 我把学校的老师当作自己的家人。

14. 快把医生叫来。

15. 我想把书再看一遍。

16. 把豆腐放进去炸一炸/炸一会儿……

附录二　韩国留学生汉语语法学习情况调查问卷

　　下面的问卷旨在研究在华留学生汉语语法学习的情况。所有这些问题都经过精心选择，请认真回答每一题。所收集的数据只用作研究，我们负责保密。非常感谢您的参与！

一、基本情况

性　　别：男　　　女　　　　　　　　班级：_____班
学习时间：_____个月　　　　　　HSK：_____级

二、练习题

（一）选择题：

1. 他不小心_____。

A. 把椅子倒了　　B. 把椅子撞倒了　　C. 把椅子撞了　　D. 撞倒了把椅子

2. 你要_____，别丢了。

A. 把钱好　　　　B. 把钱存　　　　C. 存好把钱　　　D. 把钱存好

3. 老师说："请你_____。"

A. 把你的护照交给我　　　　　　　　B. 把一个护照交给我

C. 把你的护照交我　　　　　　　　　D. 把给我你的护照

4. 我的衣服很脏，妈妈说："_____。"

A. 你把衣服洗　　　　　　　　　　　B. 你把衣服洗洗吧

C. 你把衣服洗吧　　　　　　　　　　D. 你把衣服洗着

5. 我没看清楚，请你_____，好吗？

A. 把录像放一遍　　　　　　　　　　B. 再把录像放一遍

C. 把录像一遍放　　　　　　　　　　D. 把录像放再一遍

6. 我送朋友一盆花，她_____。

A. 把花摆在卧室里了　　　　　　　　B. 把花在卧室里了

C. 摆花在卧室里了　　　　　　　　　D. 把花在卧室放

7. 他的英文很好，他_____。

A. 把一本书翻译成英文了　　　　　　B. 把这本书翻译英文了

C. 把这本书翻译成英文了　　　　　　D. 把这本书成英文了

8. 我今天_____。

A. 把护照来了　　B. 带来护照　　　C. 把护照带了　　D. 把护照带来了

9. 我去图书馆_____。

A. 把书还了　　　B. 把书还了还　　C. 把书还一还　　D. 还了把书

10. 我来北京的那天，妈妈_____。

A. 把我送在机场　　　　　　　　B. 把我送到机场

C. 把我到机场　　　　　　　　　D. 把我送机场

11. 天气太热，我_____。

A. 把啤酒放冰箱里了　　　　　　B. 把啤酒进冰箱里了

C. 放啤酒进冰箱里了　　　　　　D. 把啤酒放进冰箱里了

12. 爸爸常常对我说："_____。"

A. 别把东西扔乱　　　　　　　　B. 把东西别扔乱

C. 别把东西乱扔　　　　　　　　D. 把东西别乱扔

13. 妈妈说："外面下雨了，你应该_____。"

A. 把衣服拿来　　B. 把衣服拿进来　　C. 把衣服拿进　　D. 把衣服拿

14. 妈妈_____。

A. 把杯子洗干干净净的　　　　　B. 把杯子干干净净地洗

C. 把杯子洗得干干净净的　　　　D. 干干净净把杯子洗得

15. 我_____，非常喜欢她。

A. 把她看自己的妈妈　　　　　　B. 把她看作自己的妈妈

C. 把她做自己的妈妈　　　　　　D. 看作她自己的妈妈

16. 炒鸡蛋时，先往锅里倒点儿油，_____，倒出来。

A. 把鸡蛋进去炒一会儿　　　　　B. 把鸡蛋放进去炒一会儿

C. 把鸡蛋炒一会儿放进去　　　　D. 把鸡蛋炒进去放一会儿

（二）请把下面的韩语翻译成汉语。

1. 小李: 너 그 옷을 팔았니? 老板: 早就卖了。

2. 你说得真好，너 이야기를 계속 해봐.

3. 妈妈: 你收到朋友的信了吗？我: 没有。그가 내 주소를 잘 못 썼어요.

4. 先生，你的车挡住路了。당신 차를 빼주세요.

5. 汉字真难，나는 자주 "술"（글）자를 "뿌리다"（글）자로 쓴다.

6. 我昨天跟玛丽借了 20 块钱，오늘 나는 그녀에게 돈을 돌려줘야 한다.

7. 小明：妈妈，我的衣服在哪儿？妈妈：나는 그것을 옷장 안에 두었다.

8. 快过年了，엄마는 방 청소를 아주 깨끗이 하셨다.

9. 나는 차를 앞으로 밀었다，但推不动。因为我的力气太小了。

10. 朋友要给我寄明信片，我对他说："이 편지를 유학생 기숙사 12 호 건물에 부쳐주세요."

11. 考场的门上写着：책과 핸드폰을 바깥에 (밖에) 두세요.

12. 你的脸太脏了，빨리 가서 너의 (=네) 얼굴 좀 씻어라.

13. 在中国，나는 학교 선생님을 나의 가족으로 여긴다.

14. 有人流血了，빨리 의사를 불러와라.

15. 明天就要考试了，나는 책을 다시 한번 (=한번 더) 보고 싶다.

16. 炸豆腐的做法：把锅放在火上，往锅里倒点油，그 다음에 두부를 넣고 좀 튀겨라，最后别忘了加点调料。

（三）把下列句子改成比较句，并用上括号内的词。

1. 学生八点来的教室，老师八点 10 分来的教室。（早）

2. 昨天的最高气温是 35 度，今天的最高气温是 38 度。（更/还）

3. 这件衣服小，那件衣服大。（没有）

4. 我的电脑贵，他的电脑便宜。（贵/便宜）

5. 这个绿色的皮包 398 元，那个红色的皮包 400 元。（一点儿）

6. 玛丽的身高是 170cm，田芳的身高是 160cm.（10cm）

7. 我考了 80 分，他考了 100 分。（得多/多了）

8. 我跑得很快，他跑得更快。（没有）

9. 他写汉字写得很快，我写得很慢。（没有……那么……）

（四）阅读下面的句子，如果你觉得句子是对的，请划"√"；如果你觉得是错的，请划"×"，并改正过来。（例如：他中国人。"×"改为：他是中国人。）

1. 老师们就决定使我念二年级了。

2. 两年前，他的小说《人生》使他目前日本最著名的作家之一。

3. 广场里有许多警察，让我有点儿紧张起来。

4. 一看见那个东西，就使我很生气。

5. 人们随地乱扔东西让干净的环境受到破坏。

6. 为了使将来能够听到更好听的流行歌曲，我们不要下载免费音乐。

7. 人们不应只顾自己，而要看得远一些，不要使更多的人去挨饿！

8. 所以他们辛苦地挣钱，给孩子多学知识。

9. 目前在个人的人品方面，也发生了很多变化，使得人们变得越来越自私。

10. 如果那时候把汽车喇叭声换成狗叫声的话，那么让人会发笑。

11. 我们不应该让它放弃，因为我们是人类。

12. 我们要发展社会，将来这个世界没有饥饿的人。

13. 我又不经常给你打电话，叫你担心。

14. 明年一月我在美国的时候，一定要请您到美国来。

15. 我说出的话令人发笑时，我心里很难过。

16. 吃了这些东西，人们不仅得不到身体所需的营养，反而会使农药进入体内。

（五）在空白处填上合适的词语。可能会用到的词语有给、使、让、请、叫、把、使得等。

1. 老师_____我每天做功课。

2. 下周一的考试_____他造成了很大的压力。

3. 他常常撒谎，这_____别人对他产生了很差的印象。

4. 我们不能因为追求名利而_____我们成为金钱的奴隶（slave）。

5. 因为很多外地商人的投资而_____上海有了很大的进步。

6. 我想_____你做我们的老师。

7. 爸爸不_____我喝酒。

8. 听说我还没有男朋友，她想_____她的哥哥介绍给我。

9. 他_____我去他的公司上班。

（六）将"有"放在正确的位置上。

1. 玛丽 A 画画很好，老师常 B 夸她 C 创造力。

2. 他 A 身上 B 藏 C 一把手枪。

3. 在学习汉语 A 方面，他 B 很 C 天赋。

4. 农村 A 生活条件 B 不太好，不过近几年 C 变化。

5. 今年 A 留学生的汉语水平 B 所 C 提高。

6. 最近 A 这方面的 B 研究大 C 进展。

7. 他看起来 A 小明 B 那么 C 高。

8. 这条鱼 A 至少 B 也 C 二十斤重。

（七）判断下面句子是否符合汉语语法，并用数字给每个句子打分：

1. 非常不合语法（1分）　　　2. 可能不合语法（2分）

3. 可能符合语法（3分）　　　4. 非常符合语法（4分）

1. 王老师被学生们喜欢。1　2　3　4

2. 小明的钱包被小偷偷走了。1　2　3　4

3. 他的词典被借了。1　2　3　4

4. 一个杯子被小王打破了。1　2　3　4

5. 他被这件事很伤心。1　2　3　4

6. 大树被风倒了。1　2　3　4

7. 我被他的热情感到幸福。1　2　3　4

8. 那支歌被他唱了。1　2　3　4

9. 那杯茶被玛丽喝了。1　2　3　4

10. 我的自行车被小明骑坏了。1　2　3　4

11. 我的钱包被偷了。1　2　3　4

12. 一个钱包被小李找到了。1　2　3　4

13. 我们被这样的问题习惯了。1　2　3　4

14. 那本书被小明读了。1　2　3　4

15. 妈妈被孩子每天都很忙。1　2　3　4

16. 他被坏人死了。1　2　3　4

17. 这首歌被年轻人欢迎。1　2　3　4

18. 我是被父母决定来中国留学的。1　2　3　4

19. 那个苹果被我吃了。1　2　3　4

20. 不抽烟的人常常被抽的人为难。1　2　3　4

参考文献

［1］Zhaohong Han. Fossilization：five central issues ［J］. International Journal of Applied Linguistics，2004，14（2）：213－424.

［2］Lydia White. Fossilization in steady state L2 grammars：persistent problems with inflectional morphology ［J］. Bilingualism：language and cognition，2003（6）：129－141.

［3］白凤欣. 国内二语言习得中介语及其石化现象理论研究综述 ［J］. 河北师范大学学报，2007（4）.

［4］柏桦. 石化现象瓶颈问题的研究及实证方法探讨 ［J］. 兰州交通大学学报，2009（2）.

［5］蔡进宝. 浅谈汉语兼语句的几种日译处理方法 ［J］. 日语知识，2001（8）.

［6］陈光. 与"把"字结构自主性相关的两个语义、语法问题 ［M］// 语法研究论丛：八，天津：南开大学出版社，1999.

［7］陈惠媛. 关于语言僵化现象起因的理论探讨 ［J］. 外语教学与研究，1999（3）.

［8］陈建民. 现代汉语句型论 ［M］. 北京：语文出版社，1986.

［9］陈珺，周小兵. 比较句语法项目的选取和排序 ［J］. 语言教学与研究，2005（2）.

［10］陈立人. 日韩学生"有"字句的习得偏误研究 ［D］. 长沙：湖南师范大学，2013.

［11］陈璐. 对韩汉语教学中"被"字句、兼语句的比较研究 ［D］. 济南：山东大学，2007.

［12］成燕燕. 哈萨克族汉族"把字句"习得的偏误分析 ［J］. 语言与翻译，2006（3）.

［13］程乐乐. 日本留学生"把"字句习得情况考察与探析 ［J］. 云南师范大学学报，2006，4（3）.

［14］崔希亮. "把"字句的若干句法语义问题 ［J］. 世界汉语教学，

1995（3）．

[15] 戴炜栋，牛强．过渡语的石化现象及其教学启示 [J]．外语与外语教学，2005（5）．

[16] 邓斯怡．近观十年国内中介语语音石化现象的综述 [J]．海外英语，2013（8）．

[17] 董斌．对外汉语精读教材"是"字句研究 [D]．广州：暨南大学，2007．

[18] 董小琴．外国学生"有"字句偏误分析及习得研究 [D]．南京：南京师范大学，2008．

[19] 范晓．汉语的句子类型 [M]．太原：书海出版社，2001．

[20] 范晓．汉语句子的多角度研究 [M]．北京：商务印书馆，2009．

[21] 高顺全．试论"被"字句的教学 [J]．暨南大学华文学院学报，2001（1）．

[22] 龚千炎．现代汉语里的受事主语句 [J]．中国语文，1980（5）．

[23] 顾伟．从翻译的角度分析日汉的使役表达 [J]．日语学习与研究，2006（2）．

[24] 国家对外汉语教学领导小组办公室．高等学校外国留学生汉语教学大纲：长期进修 [M]．北京：北京语言大学出版社，2002．

[25] 国家对外汉语教学领导小组办公室．高等学校外国留学生汉语言专业教学大纲 [M]．北京：北京语言大学出版社，2002．

[26] 国家对外汉语教学领导小组办公室．汉语水平等级标准与语法等级大纲 [M]．北京：高等教育出版社，1996．

[27] 国家汉语国际推广领导小组办公室．国际汉语教学通用课程大纲 [M]．北京：外语教学与研究出版社，2008．

[28] 何雅男．化石化现象与对外汉语成语教学研究 [D]．成都：四川大学，2007．

[29] 洪花．韩国学生"有"字句偏误分析 [D]．长春：东北师范大学，2010．

[30] 侯颖．"是……的"结构的语义角色及其焦点指派 [D]．北京：北京语言大学，2004．

[31] 胡袁园．"有"字句研究 [D]．南京：南京师范大学，2005．

［32］胡云晚．带兼语的"使"和"让"之比较研究［J］．松辽学刊：人文社会科学版，2002（1）．

［33］黄月圆，等．汉语作为第二语言"被"字句习得的考察［J］．世界汉语教学，2007（2）．

［34］黄章恺．现代汉语常用句式［M］．北京：北京教育出版社，1987．

［35］黄自然，肖奚强．基于中介语语料库的韩国学生"把"字句习得研究［J］．汉语学习，2012（1）．

［36］姜德梧．从HSK（基础）测试的数据统计看"把"字句的教学［J］．汉语学习，1999（5）．

［37］姜桂荣．基于"HSK动态作文语料库"的"比"字句习得研究［D］．北京：北京语言大学，2009．

［38］蒋平．比较句中的"更""还""要"［J］．语文教学与研究，1979（4）．

［39］蒋绍愚．"把"字句论略［J］．中国语文，1997（4）．

［40］金家恒．"是"字句句法语义研究［J］．黄山学院学报，1996，6（5）．

［41］金立鑫．"把"字句的句法、语义、语境特征［J］．中国语文，1999（6）．

［42］金秀贞．韩国学生"是"字句偏误分析［D］．北京：中央民族大学，2012．

［43］金允经．被字句中"被+NP"的特点［J］．汉语学习，1996（3）．

［44］靳洪刚．从汉语"把"字句看语言分类规律在二语言习得过程中的作用［J］．语言教学与研究，1993（2）．

［45］靳卫卫．汉日语中比较句的异同［J］．语言教学与研究，1986（2）．

［46］鞠伟伟．基于中介语语料库的韩国留学生兼语句偏误分析［D］．烟台：鲁东大学，2014．

［47］黎锦熙．新著国语文法［M］．上海：商务印书馆，1924．

［48］李大忠．"使"字兼语句偏误分析［J］．世界汉语教学，1996（1）．

［49］李嘉玲．越南留学生汉语兼语句偏误分析及教学启示［D］．南宁：广西大学，2013.

［50］李婧妍．韩国小学生汉语声调化石化现象研究［D］．沈阳：辽宁大学，2016.

［51］李临定．"被"字句［J］．中国语文，1980（6）.

［52］李临定．现代汉语句型［M］．北京：商务印书馆，1986.

［53］李英，邓小宁．"把"字句语法项目的选取与排序研究［J］．语言教学与研究，2005（3）.

［54］李玉菲．外国留学生兼语句运用的偏误分析［D］．上海：华东师范大学，2010.

［55］林载浩．韩国学生习得"把"字句情况的考察及偏误分析［D］．北京：北京语言文化大学，2001.

［56］刘迪．日韩留学生的"是……的"句的习得偏误研究——基于 HSK 动态作文语料库［D］．哈尔滨：黑龙江大学，2012.

［57］刘红燕．对外汉语教学中"被"字句的习得情况考察［D］．北京：北京语言大学，2006.

［58］刘晶．现代汉语"有"字句的句法语义研究［D］．呼和浩特：内蒙古师范大学，2009.

［59］刘珂情．语境因素与"是……的"句句义关系［D］．成都：四川师范大学，2012.

［60］刘丽宁．亚洲地区汉语学习者"是"字句习得情况调查与研究［D］．广州：暨南大学，2002.

［61］刘利．留学生把字句习得情况考察及其对教材编写的启示［D］．广州：暨南大学，2009.

［62］刘利．现代汉语使役句的语义分析［J］．徐州师范大学学报，2006（4）.

［63］刘明佳．日本留学生习得汉语兼语句的偏误分析［D］．长春：吉林大学，2013.

［64］刘培玉．"把"字句的句法、语义和语用分析［J］．华中师范大学学报：人文社会科学版，2002（9）.

［65］刘姝．汉日被动句谓语动词比较——日本学生汉语"被"字句偏误

兼析［J］. 云南师范大学学报：对外汉语教学与研究版，2005（5）.

［66］刘颂浩. 论"把"字句运用中的回避现象及"把"字句的难点［J］. 语言教育与研究，2003（2）.

［67］刘苏乔. 表比较的"有"字句［J］. 语言教学与研究，2002（2）.

［68］刘相臣，肖静怡. 日本学习者汉语"有"字句习得情况考察［J］. 鸡西大学学报，2012（6）.

［69］刘珣. 对外汉语教育学引论［M］. 北京：北京语言大学出版社，2000.

［70］刘英林. 汉语水平等级标准与语法等级大纲［C］. 北京：高等教育出版社，1996.

［71］刘永耕. 使令度和使令类动词的在分类［J］. 语文研究，2000（2）.

［72］刘瑜. 日语母语者汉语"有"字句的偏误分析——基于中介语语料库［D］. 长春：吉林大学，2012.

［73］刘月华，潘文娱，故韡. 实用现代汉语语法［M］. 增订本. 北京：商务印书馆，2001.

［74］刘云英. 把字句的生命度及其内部语义关系分析［D］. 广州：暨南大学，2016.

［75］柳英绿. 韩汉语被动句对比——韩国留学生"被"动句偏误分析［J］. 汉语学习，2000（6）.

［76］柳英绿. 韩汉语比较句对比［J］. 汉语学习，2002（6）.

［77］卢福波. 对外汉语教学基本句型的确立依据与排序研究［J］. 语言文字应用，2005（4）.

［78］鲁宝元. 日汉使役表达的对比及汉语使役句的教学［M］. 北京：北京出版社，2003.

［79］鲁健冀. 外国人学习汉语的语法偏误分析［J］. 语言教学与研究，1994（3）.

［80］鲁健骥. 外国人学习汉语的词汇偏误分析［J］. 语言教学与研究，1987（4）.

［81］鲁健骥. 中介语理论与外国人学习汉语的语音分析［J］. 语言教

学与研究，1984（3）．

[82] 陆俭明，马真．现代虚词散论 [M]．北京：北京大学出版社，1985.

[83] 罗雪琳．关于日语使役态的用法与自动词使役句：以被使役者为中心 [J]．日语语言研究，2010（6）．

[84] 吕必松．关于"是……的"结构的几个问题 [J]．语言教学与研究，1982（4）．

[85] 吕必松．论汉语中介语的研究 [J]．语言文字应用，1993（2）．

[86] 吕桂云．中高级阶段越南学生 17 类把字句的习得顺序考察 [J]．语文学刊，1995（14）．

[87] 吕叔湘．"把"字用法的研究 [C]//汉语语法论文文集．北京：商务印书馆，1995.

[88] 吕叔湘．现代汉语八百词 [M]．增订本．北京：商务印书馆，2007.

[89] 吕叔湘．语法学习 [M]．北京：中国青年出版社，1953.

[90] 吕文华．"把"字句的语义类型 [J]．汉语学习，1994（4）．

[91] 吕文华．对外汉语教学语法探索 [M]．北京：语文出版社，1999.

[92] 马文佳．外国留学生兼语句习得研究及偏误分析 [D]．西安：西北大学，2011.

[93] 马真．"把"字句补议 [M]//现代汉语虚词散论．北京：北京大学出版社，1985.

[94] 莫红霞．"被"字句中"被"字宾语有无的制约条件 [J]．杭州师范学院学报，2002（2）．

[95] 牛骥．日本留学生汉语"是"字句习得顺序研究 [D]．成都：西南交通大学，2014.

[96] 牛秀兰．关于"是……的"结构句的宾语位置问题 [J]．世界汉语教学，1991（3）．

[97] 彭淑莉．汉语动词带宾语"被"字句习得研究 [J]．汉语学习，2008（2）．

[98] 齐沪扬，张秋杭．"是……的"句研究述评 [J]．广播电视大学学报：哲学社会科学版，2005（4）．

［99］任海波．现代汉语"比"字句结论项的类型［J］．语言教学与研究，1987（4）．

［100］杉村博文．从日语的角度看汉语的被动句［J］．语言文字应用，2003（2）．

［101］杉村博文．论现代汉语表"难事实现"的被动句［J］．世界汉语教学，1998（4）．

［102］邵敬敏．"把"字句及其变换句式［C］//研究生论文选集．南京：江苏古籍出版社，1995．

［103］沈家煊．如何处置"处置式"——试论"把"字句的主观性［J］．中国语文，2002（5）．

［104］施家炜．外国留学生22类现代汉语句式的习得顺序研究［J］．世界汉语教学，1998（4）．

［105］施其生．论"有"字句［J］．语言研究，1996（1）．

［106］石毓智．论判断、焦点、强调与对比之关系——"是"的语法功能和使用条件［J］．语言研究，2005（4）．

［107］史冠新．对外汉语教学中的句式教学研究［J］．山东社会科学，2006（4）．

［108］史银妗．现代汉语"差比句"研究［D］．北京：中国社会科学院，2003．

［109］宋玉柱．处置新解［J］．天津师范学院学报，1979（3）．

［110］宋玉柱．兼语为与事的兼语句［J］．汉语学习，1998（6）．

［111］宋玉柱．现代汉语特殊句式［M］．太原：山西教育出版社，1991．

［112］苏丹洁．构式语块教学法的实质——以兼语句教学及实验为例［J］．语言教学与研究，2011（1）．

［113］苏丹洁．取消"兼语句"之说——构式语块法的新分析［J］．语言研究，2012（2）．

［114］孙德坤．中介语理论与汉语习得研究［J］．语言文字应用，1993（4）．

［115］孙红霞．对外汉语中兼语句偏误分析及教学策略［D］．西安：西安外国语大学，2013．

[116] 覃晓琪. 文化适应角度下的中介语石化现象探析 [J]. 哈尔滨师范大学学报，2013.

[117] 田靓. 汉语作为外语/二语言教学的"把"字句研究 [D]. 北京：北京大学，2012.

[118] 王春辉. 对韩汉语教学中把字句偏误分析 [J]. 临沂师范大学学报，2009（2）.

[119] 王峰. 日本学生"是"字句习得偏误的句法分布特征及教学对策 [J]. 吉林省教育学院学报，2014（1）.

[120] 王还. 对外汉语教学语法大纲 [M]. 北京：北京语言学院出版社，1995.

[121] 王还. 门外偶得集 [M]. 增订本. 北京：北京语言学院出版社，1994.

[122] 王建勤. 汉语作为第二语言学习者习得过程研究评述 [J]. 北京师范大学学报：社会科学版，2006（3）.

[123] 王静. 从语义级差看现代汉语被字的使用 [J]. 语言教学与研究，1996（2）.

[124] 王力. 现代汉语语法 [M]. 北京：商务印书局，1985.

[125] 王力. 中国语法理论 [M]. 北京：中华书局，1954.

[126] 王茂林. 留学生"比"字句习得的考察 [J]. 暨南大学华文学院学报，2005（3）.

[127] 王兴燕. 日本留学生"是"字句和"有"字句偏误分析 [D]. 西安：西北大学，2013.

[128] 王振来. 韩国留学生学习被动表述的偏误分析 [J]. 云南师范大学学报：对外汉语教学与研究版，2004（4）.

[129] 魏红. 泰国学生汉语习得的把字句偏误分析研究 [J]. 云南师范大学学报，2004（5）.

[130] 魏洪艳. 基于"HSK 动态作文语料库"的韩国留学生"是"字句习得情况考察 [D]. 北京：北京语言大学，2012.

[131] 文秋芳. 二语习得重点问题研究 [M]. 北京：外语教学与研究出版社，2010.

[132] 吴福祥. 试说"X 不比 YZ"的语用功能 [J]. 中国语文，2004

［99］任海波．现代汉语"比"字句结论项的类型［J］．语言教学与研究，1987（4）．

［100］杉村博文．从日语的角度看汉语的被动句［J］．语言文字应用，2003（2）．

［101］杉村博文．论现代汉语表"难事实现"的被动句［J］．世界汉语教学，1998（4）．

［102］邵敬敏．"把"字句及其变换句式［C］//研究生论文选集．南京：江苏古籍出版社，1995.

［103］沈家煊．如何处置"处置式"——试论"把"字句的主观性［J］．中国语文，2002（5）．

［104］施家炜．外国留学生22类现代汉语句式的习得顺序研究［J］．世界汉语教学，1998（4）．

［105］施其生．论"有"字句［J］．语言研究，1996（1）．

［106］石毓智．论判断、焦点、强调与对比之关系——"是"的语法功能和使用条件［J］．语言研究，2005（4）．

［107］史冠新．对外汉语教学中的句式教学研究［J］．山东社会科学，2006（4）．

［108］史银姈．现代汉语"差比句"研究［D］．北京：中国社会科学院，2003.

［109］宋玉柱．处置新解［J］．天津师范学院学报，1979（3）．

［110］宋玉柱．兼语为与事的兼语句［J］．汉语学习，1998（6）．

［111］宋玉柱．现代汉语特殊句式［M］．太原：山西教育出版社，1991.

［112］苏丹洁．构式语块教学法的实质——以兼语句教学及实验为例［J］．语言教学与研究，2011（1）．

［113］苏丹洁．取消"兼语句"之说——构式语块法的新分析［J］．语言研究，2012（2）．

［114］孙德坤．中介语理论与汉语习得研究［J］．语言文字应用，1993（4）．

［115］孙红霞．对外汉语中兼语句偏误分析及教学策略［D］．西安：西安外国语大学，2013.

[116] 覃晓琪. 文化适应角度下的中介语石化现象探析 [J]. 哈尔滨师范大学学报, 2013.

[117] 田靓. 汉语作为外语/二语言教学的"把"字句研究 [D]. 北京: 北京大学, 2012.

[118] 王春辉. 对韩汉语教学中把字句偏误分析 [J]. 临沂师范大学学报, 2009 (2).

[119] 王峰. 日本学生"是"字句习得偏误的句法分布特征及教学对策 [J]. 吉林省教育学院学报, 2014 (1).

[120] 王还. 对外汉语教学语法大纲 [M]. 北京: 北京语言学院出版社, 1995.

[121] 王还. 门外偶得集 [M]. 增订本. 北京: 北京语言学院出版社, 1994.

[122] 王建勤. 汉语作为第二语言学习者习得过程研究评述 [J]. 北京师范大学学报: 社会科学版, 2006 (3).

[123] 王静. 从语义级差看现代汉语被字的使用 [J]. 语言教学与研究, 1996 (2).

[124] 王力. 现代汉语语法 [M]. 北京: 商务印书局, 1985.

[125] 王力. 中国语法理论 [M]. 北京: 中华书局, 1954.

[126] 王茂林. 留学生"比"字句习得的考察 [J]. 暨南大学华文学院学报, 2005 (3).

[127] 王兴燕. 日本留学生"是"字句和"有"字句偏误分析 [D]. 西安: 西北大学, 2013.

[128] 王振来. 韩国留学生学习被动表述的偏误分析 [J]. 云南师范大学学报: 对外汉语教学与研究版, 2004 (4).

[129] 魏红. 泰国学生汉语习得的把字句偏误分析研究 [J]. 云南师范大学学报, 2004 (5).

[130] 魏洪艳. 基于"HSK 动态作文语料库"的韩国留学生"是"字句习得情况考察 [D]. 北京: 北京语言大学, 2012.

[131] 文秋芳. 二语习得重点问题研究 [M]. 北京: 外语教学与研究出版社, 2010.

[132] 吴福祥. 试说"X 不比 YZ"的语用功能 [J]. 中国语文, 2004

（3）.

［133］吴门吉，周小兵."被"字句与"叫、让"被动句在教学语法中的分离［J］.云南师范大学学报，2004（4）.

［134］吴门吉，周小兵.意义被动句与"被"字句习得难度比较［J］.汉语学习，2005（1）.

［135］相原茂.汉语比较句的两种否定形式："不比"型和"没有"型［J］.语言教学与研究，1992（3）.

［136］肖奚强.韩国学生汉语语法偏误分析［J］.世界汉语教学，2000（2）.

［137］谢白羽.面向对外汉语教学的比较句研究［D］.上海：华东师范大学，2011.

［138］谢福.基于语料库的留学生"是……的"句习得研究［J］.语言教学与研究，2010（2）.

［139］谢福.外国学生"是……的"句的习得研究［D］.上海：上海师范大学，2008.

［140］邢红兵，张旺熹.对外汉语教学的全方位探索［M］.北京：商务印书馆，2005.

［141］邢欣.现代汉语兼语式［M］.北京：北京广播学院出版社，2004.

［142］熊文新.留学生"把"字结构的表现分析［J］.世界汉语教学，1996（1）.

［143］徐建华.表估量的"有"字句［J］.语法与词汇，1991（6）.

［144］徐燕青."不比"型比较句的语义类型［J］.语言教学与研究，1996（2）.

［145］许国萍."比"字句研究综述［J］.汉语学习，1996（6）.

［146］薛凤生.试论"把"字句的语义特性［J］.语言教学与研究，1987（1）.

［147］薛丽.二语习得者的中介语石化现象之成因及对策［J］.校园英语，2012（11）.

［148］杨大然.兼语句的语义分类及其空语类的句法分布［J］.解放军外国语学院学报，2006（1）.

[149] 杨寄洲. 对外汉语教学初级阶段教学大纲 [M]. 北京：北京语言大学出版社，1999.

[150] 杨寄洲. 汉语教程 [M]. 北京：北京语言大学出版社，2006.

[151] 杨石泉. "是……的"句质疑 [J]. 中国语文，1997 (6).

[152] 杨素英. 从情况类型看"把"字句：上、下 [J]. 汉语学习，1998 (2，3).

[153] 易平平. "是……的"结构中"是"、"的"隐现考察 [D]. 北京：北京语言大学，2011 (51).

[154] 易正中. "有"字句研究 [J]. 天津师大学报，1992 (3).

[155] 尹炳兰. "是……的"句话语分析 [D]. 南京：南京师范大学，2016.

[156] 游汝杰. 现代汉语兼语句的句法和语义特征 [J]. 汉语学习，2002 (6).

[157] 余文青. 留学生使用"把"字句的调查报告 [J]. 汉语学习，2000 (5).

[158] 袁毓林，李湘，曹宏，等. "有"字句的情境语义分析 [J]. 世界汉语教学，2009 (3).

[159] 詹开. 有字句 [J]. 中国语文，1981 (1).

[160] 张宝林. "是……的"句的歧义现象分析 [J]. 世界汉语教学，1994 (1).

[161] 张宝林. 回避与泛化——基于"HSK 动态作文语料库"的"把"字句习得考察 [J]. 世界汉语教学，2010 (2).

[162] 张宝林. 基于语料库的外国人汉语句式习得研究 [M]. 北京：中国书籍出版社，2014.

[163] 张宝林. 外国人汉语句式习得研究的方法论思考 [J]. 华文教学与研究，2011 (2).

[164] 张斌. 现代汉语句子 [M]. 上海：华东师范大学出版社，2000.

[165] 张伯江. 论"把"字句的句式语义 [J]. 语言研究，2000 (1).

[166] 张伯江. 现代汉语形容词做谓语问题 [J]. 世界汉语教学，2011 (1).

[167] 张和友. 聚焦式"是"字句的句法、语义特点 [J]. 语言教学与

研究，2006（1）.

[168] 张静. 外国留学生"把"字句偏误分析研究——以九江学院高级班留学生为例［D］. 武汉：华中师范大学，2011.

[169] 张琳芳. 外国留学生兼语句偏误分析［D］. 长春；吉林大学，2014.

[170] 张旺熹."把"字句的位移图式［J］. 语言教学与研究，2001（3）.

[171] 张旺熹."把"字句结构的语义及其用语分析［J］. 语言教学与研究，1991（3）.

[172] 张旺熹. 汉语特殊句法的语义研究［M］. 北京：北京语言文化大学出版社，1999.

[173] 张威. 基于语料库的现代汉语表示判断意义"是……的"句式发展及动因探究［J］. 外语与外语教学，2016（5）.

[174] 张武宁. 韩国留学生"把"字句习得研究［D］. 南京：南京师范大学，2007.

[175] 张雪梅. 中介语石化现象与中介语心理认知机制浅探［J］. 外语与外语教学，2006（3）.

[176] 张豫峰."有"字句的语义分析［J］. 中州学刊，1999（3）.

[177] 张豫峰."有"字句的语用研究［J］. 河南大学学报，1999（3）.

[178] 张豫峰."有"字句研究综述［J］. 汉语学习，1998（6）.

[179] 张豫峰. 表比较的"有"字句［J］. 语文研究，1998（4）.

[180] 赵曾. 基于 HSK 动态作文语料库的现代汉语兼语句习得研究［D］. 重庆：四川外国语大学，2011.

[181] 赵金铭，齐沪扬，范开泰，等. 第二语言习得研究［M］. 北京：北京语言文化大学出版社，2000.

[182] 赵金铭. 对外汉语教学概论［M］. 北京：商务印书馆，2004.

[183] 赵娜. 基于构式理论的韩国学生习得汉语"把"字句偏误分析及教学设计［D］. 沈阳：辽宁师范大学，2016.

[184] 赵淑华. 关于"是……的"句［J］. 语言教学与研究，1979（1）.

［185］郑湖静．韩汉比字句的对比分析［D］．上海：上海外国语大学，2007．

［186］郑杰．现代汉语把字句研究综述［J］．语言教学与研究，2002（5）．

［187］周翠琳．"把"字句的课堂教学［J］．世界汉语教学，1992（4）．

［188］周洪波．表判断"是"字句语义类型［J］．安徽教育学院学报，1992（4）．

［189］周梦瑶．论对外汉语教学中的使令类兼语句［D］．济南：山东师范大学，2013．

［190］周文华，肖奚强．基于语料库的外国学生"被"字句习得研究［J］．暨南大学华文学院学报：华文教学与研究，2009（2）．

［191］周文华．"让"字句功能分析和习得研究［D］．南京：南京师范大学，2007．

［192］周文华．基于语料库的外国学生兼语句习得研究［J］．语言教学与研究，2009（3）．

［193］周小兵．学习难度的测定和考察［J］．世界汉语教学，2004（1）．

［194］周小兵，等．外国人学汉语语法偏误研究［M］．北京：北京语言大学出版社，2007．

［195］周有斌．"是"字句研究述评［J］．汉语学习，1992（6）．

［196］朱德熙．语法问答［M］．北京：商务印书馆，1985．

［197］朱志平．汉语作为第二语言习得研究［M］．北京：北京师范大学出版社，2014．

［198］邹铃声．外国学生汉语语音习得中的熵现象及化石化现象［J］．贵州大学学报，2006，24（4）．